UMA TEORIA DA JUSTIÇA,
DE JOHN RAWLS

CONSELHO EDITORIAL DE FILOSOFIA

Maria Carolina dos Santos Rocha (Presidente)
Professora e Doutora em Filosofia Contemporânea pela École Spéciale d'Architecture (ESA)/Paris e Universidade Federal do Rio Grande do Sul (UFRGS)/Brasil. Mestre em Filosofia pela Universidade Católica de Louvain (UCL) e em Sociologia pela Escola de Altos Estudos em Ciências Sociais (EHESS)/Paris.

Fernando José Rodrigues da Rocha
Doutor em Psicolinguística Cognitiva pela Universidade Católica de Louvain, Bélgica, com pós-doutorados em Filosofia nas Universidades de Kassel, Alemanha, Carnegie Mellon, EUA, Católica de Louvain, Bélgica, e Marne-la-Valle, França. Professor Associado do Departamento de Filosofia da Universidade Federal do Rio Grande do Sul.

Nestor Luiz João Beck
Doutor em Teologia pelo Concordia Seminary de Saint Louis, Missouri, EUA, com pós-doutorado em Teologia Sistemática no Instituto de História Europeia em Mainz, Alemanha. Bacharel em Direito. Licenciado em Filosofia. Bolsista da Fundação Alexander von Humboldt, Alemanha.

Roberto Hofmeister Pich
Doutor em Filosofia pela Universidade de Bonn, Alemanha. Foi Professor Visitante na Universidade do Porto, Portugal, na Pontifícia Universidad Católica de Chile, na Universidade de Kassel, Alemanha, e na Universidade de Bonn; com pós-doutorados em Filosofia na Universidade de Tübingen (Alemanha), por duas vezes na Universidade de Bonn e no Albertus-Magnus-Institut, na mesma cidade, e na University of Notre Dame (EUA). Bolsista de produtividade do CNPq (Nível 2) e membro assessor do Bureau da Société Internationale por l'Étude de la Philosophie Médiévale (SIEPM). Professor Adjunto da PUCRS.

L911t   Lovett, Frank
            Uma teoria da justiça, de John Rawls : guia de leitura / Frank Lovett ; tradução: Vinicius Figueira ; revisão técnica: Maria Carolina dos Santos Rocha. – Porto Alegre : Penso, 2013.
            136 p. ; 23 cm.

            ISBN 978-85-65848-03-9

            1. Filosofia. 2. Justiça. 3. Teoria da justiça – John Rawls. I. Título.

CDU 16

Catalogação na publicação: Ana Paula M. Magnus – CRB 10/2052

UMA TEORIA DA JUSTIÇA,
DE JOHN RAWLS
GUIA DE LEITURA

FRANK LOVETT
Washington University

Tradução:
Vinicius Figueira

Consultoria, supervisão e revisão técnica desta edição:
Maria Carolina dos Santos Rocha
Professora e Doutora em Filosofia Contemporânea pela École Spéciale d'Architecture (ESA)/Paris e Universidade Federal do Rio Grande do Sul (UFRGS)/Brasil. Mestre em Filosofia pela Universidade Católica de Louvain (UCL) e em Sociologia pela Escola de Altos Estudos em Ciências Sociais (EHESS)/Paris.

2013

Obra originalmente publicada sob o título *Rawl's A theory of justice*
ISBN 978-0-8264-3781-5

© 2011, Frank Lovett

This translation is published by arrangement with The Continuum International Group.

Gerente editorial
Letícia Bispo de Lima

Colaboraram nesta edição:

Editora
Mônica Ballejo Canto

Capa
Tatiana Sperhacke

Ilustração da capa
Getty Images

Leitura final
Amanda Guizzo Zampieri e Jonas Stocker

Projeto gráfico e editoração
Armazém Digital® Editoração Eletrônica – Roberto Carlos Moreira Vieira

Reservados todos os direitos de publicação, em língua portuguesa, à
PENSO EDITORA LTDA., uma empresa do GRUPO A EDUCAÇÃO S.A.
Av. Jerônimo de Ornelas, 670 – Santana
90040-340 Porto Alegre RS
Fone: (51) 3027-7000 Fax: (51) 3027-7070

É proibida a duplicação ou reprodução deste volume, no todo ou em parte, sob quaisquer formas ou por quaisquer meios (eletrônico, mecânico, gravação, fotocópia, distribuição na Web e outros), sem permissão expressa da Editora.

SÃO PAULO
Av. Embaixador Macedo Soares, 10.735 – Pavilhão 5
Cond. Espace Center – Vila Anastácio
05095-035 – São Paulo – SP
Fone: (11) 3665-1100 Fax: (11) 3667-1333

SAC 0800 703-3444 – www.grupoa.com.br

IMPRESSO NO BRASIL
PRINTED IN BRAZIL
Impresso sob demanda na Meta Brasil a pedido de Grupo A Educação.

AGRADECIMENTOS

Quando Sarah Campbell convidou-me a escrever este guia de leitura, eu, ingenuamente, presumi que tudo seria uma questão de apenas transcrever, em prosa, minhas velhas notas de leitura sobre *Uma teoria da justiça*. O processo, contudo, foi muito mais instigante, e compensador, do que eu previa. Gostaria de agradecer a Ian MacMullen, Ron Watson e minha esposa, Liz Vickerman, por terem lido e comentado, cuidadosamente, as primeiras versões deste livro; a Amanda Sabele pelo auxílio na obtenção das licenças necessárias a sua elaboração; a Sarah Campbell, Tom Crick e P. Muralidharan, da Continuum Books, por publicá-lo; e, finalmente, a meus alunos da Universidade de Washington (em St. Louis, Missouri), que, de maneira persistente, me instigaram a compreender Rawls melhor do que eu o teria compreendido sozinho.

SUMÁRIO

1 Introdução e contexto 9
    1.1 Biografia e histórico 9
    1.2 O histórico filosófico 11
    1.3 Visão geral dos escritos de Rawls 17

2 Visão geral dos temas 20
    2.1 A ideia principal de *Uma teoria da justiça* 20
    2.2 O texto: um guia rápido 25

3 A leitura do texto 27
    3.1 Um esboço da justiça como equidade (§§ 1-3) 27
    3.2 Utilitarismo e intuicionismo (§§ 5-8) 33
    3.3 O equilíbrio reflexivo e o método (§§ 4, 9) 39
    3.4 Os dois princípios de justiça (§§ 10-14) 44
    3.5 A caracterização da justiça como equidade (§§ 15-17) 61
    3.6 A posição original (§§ 20, 22, 24-25) 68
    3.7 A apresentação de alternativas (§§ 21, 23) 77
    3.8 O argumento em prol da justiça como equidade (§§ 26-30, 33) 83
    3.9 As instituições de uma sociedade justa (§§ 31-32, 34-39, 41-43) 95
    3.10 A complementação do argumento (§§ 40, 44-50) 101
    3.11 A justiça e o indivíduo (§§ 18-19, 51-59) 109
    3.12 A busca da estabilidade (§§ 60-87) 115

4 Recepção e influência 122
    4.1 *Uma teoria da justiça* como clássico 122
    4.2 O debate liberal-comunitarista 123
    4.3 Debates subsequentes e situação atual 127

Referências 132
Índice 134

1
INTRODUÇÃO E CONTEXTO

1.1 BIOGRAFIA E HISTÓRICO

John Rawls (1921-2002) foi um filósofo político norte-americano. Seu pai, William Lee Rawls, foi um advogado de sucesso e renome cuja família mudara-se de Baltimore para o sul do país durante a infância; a mãe, Anna Abell Rawls, descende da rica família Stump. Os pais de Rawls tinham forte interesse por política – a mãe, em especial, lutou pelos direitos das mulheres na Liga de Eleitoras. Rawls teve quatro irmãos, um mais velho e três mais jovens do que ele, dos quais dois morreram, por questões de saúde, quando o próprio Rawls era ainda jovem. Rawls estudou em Princeton, onde concluiu o curso de filosofia no outono de 1943. Embora tenha pensado em dedicar-se aos estudos religiosos depois de concluir a universidade, optou, como muitos de seus colegas à época, por alistar-se no exército. Serviu durante dois anos em uma unidade de inteligência e reconhecimento no Pacífico e, pelos serviços prestados, ganhou uma estrela de bronze, condecoração do exército norte-americano. As experiências pelas quais passou nesse período enfraqueceram suas convicções religiosas. Quando Rawls começou, depois da guerra, seu curso de pós-graduação – também em Princeton –, escolheu filosofia, e não religião. Rawls obteve o doutorado em 1950, com uma tese sobre filosofia moral. Nessa época, casou-se com Margaret Warfield Fox, com quem teve quatro filhos (duas filhas e dois filhos).

Depois de apresentar conferências e de estender seus estudos por mais dois anos em Princeton, Rawls ganhou uma bolsa da Fulbright para estudar em Oxford, no ano acadêmico de 1952-1953. Em Oxford, conheceu H. L. A. Hart, Isaiah Berlin, Stuart Hampshire, R. M. Hare e outros filósofos relevantes da época, que influenciaram em grande medida suas próprias concepções. Ao retornar aos Estados Unidos, obteve seu primeiro cargo como professor, na Cornell University, onde ensinou de 1953 a 1959. Foi também professor visitante em Harvard (1959-1960), no Massachusetts Institute of Technology (MIT) (1960-1962) e, além disso, membro permanente do corpo docente de filosofia de Harvard de 1962 a 1991, quando se aposentou. Rawls morreu, em casa, no ano de 2002.[1]

A carreira de Rawls estendeu-se por um período especialmente agitado, tanto na história intelectual da filosofia política e moral quanto na história política e social dos Estados Unidos. O contexto filosófico da obra de Rawls será discutido detalhadamente no próximo subcapítulo, mas vale a pena observar rapidamente que seu campo de interesse – filosofia política e moral – era considerado, já havia algum tempo, como um campo em declínio, eclipsado (acreditava-se então) por outras áreas mais produtivas da pesquisa filosófica. Foi somente nos anos de 1950 que essa tendência mudou, e o próprio Rawls, com efeito, recebe, frequente e retrospectivamente, crédito por ter, sozinho, feito reviver o tema da filosofia política como um campo de estudos respeitável e produtivo. Embora esse raciocínio encerre certa simplificação, é realmente difícil deixar de enfatizar a profunda influência de Rawls sobre as gerações posteriores de filósofos e teóricos políticos. Mesmo que suas ideias não contem com um apoio unânime (algo que acontece com frequência), os termos do debate e a linguagem empregada derivam, em geral, de suas ideias. Não é, então, exagero algum dizer que a disciplina da filosofia política, hoje, deve muito, em sua forma e em sua particularidade, a John Rawls.

Antes, porém, de discutir detalhadamente o contexto filosófico da obra de Rawls, vale a pena também observar seu contexto social e político. As ideias centrais que mais tarde se tornariam a base de *Uma teoria da justiça* foram elaboradas durante seu período na Cornell University, nos anos de 1950. Esse período foi aquele no qual muitas pessoas, especialmente depois da experiência negativa do macarthismo no início da década, renovaram seu compromisso com a importância dos direitos do indivíduo. Para muitas dessas pessoas, tal compromisso foi depois fortalecido pelo apoio dado ao crescimento do movimento pelos direitos civis no sul dos Estados Unidos. Ao mesmo tempo, esse foi um período em que muitas instituições do Estado do bem-estar social, que haviam surgido primeiramente durante o New Deal, se consolidaram e foram amplamente aceitas como uma característica da sociedade norte-americana. O curioso foi que ninguém houvesse realmente elaborado um apanhado filosófico de como esses dois compromissos – com os direitos individuais e com o Estado do bem-estar social – poderiam ser considerados como uma derivação de uma só, e coerente, doutrina política. Pelo contrário: ambos os compromissos eram frequentemente considerados como uma condição de tensão, em que, de um lado, os princípios do liberalismo tradicional apoiavam o primeiro desses compromissos, e as doutrinas mais à esquerda (social democracia, socialismo etc.), o segundo.

Nesse contexto, é relevante o fato de que o grande livro de Rawls seja o responsável por suprir essa lacuna, isto é, que contenha tanto um forte compromisso com os direitos individuais quanto um argumento robusto em favor da justiça socioeconômica a partir de uma só teoria filosófica coerente. Não é surpresa, assim, que a contribuição de Rawls tenha sido explicada desta forma: como algo que supriu uma base filosófica para o apoio do liberal moderno aos direitos do indivíduo e ao Estado do bem-estar social. Porém, seria um erro reduzir Rawls a uma história tão simplista quanto essa. Há de se considerar, primeiramente, que ele de fato não apoiou as instituições do Estado do bem-estar social sob a forma particular que elas assumiram nos Estados Unidos. Em segundo lugar, suas motivações eram, na verdade, muito mais complexas e relacionadas a problemas filosóficos mais profundos, de importância mais duradoura do que o mero oferecimento de um apoio intelectual à plataforma do Partido Democrata Americano. Reduções grosseiras de uma obra filosófica sofisticada às condições históricas em que ela foi escrita produzem, com frequência, mais problemas do que soluções.

As principais ideias subjacentes a *Uma teoria da justiça* foram em grande parte formuladas, como mencionado, nos anos de 1950. Contudo, Rawls de fato escreveu seu livro durante a década de 1960, e ele só foi publicado em 1971. Essa época foi, como sabemos, especialmente turbulenta na história norte-americana: a luta pelo fim da segregação, a Guerra do Vietnam, os protestos estudantis, entre outros fatores, sem dúvida deixaram sua marca no pensamento de Rawls. Embora nenhum desses fatos sociais, nem efetivamente quaisquer outros fatos políticos contemporâneos, sejam sequer discutidos explicitamente em *Uma teoria da justiça* – obra que mantém em toda a sua extensão um ponto de vista singularmente filosófico e independente –, há traços que estão inequivocadamente presentes na forma final da obra, como veremos em momento oportuno. No espaço restante desta introdução, contudo, concentrar-nos-emos mais no contexto intelectual do que no contexto social.

1.2 O HISTÓRICO FILOSÓFICO

1.2.1 Utilitarismo e intuicionismo

Como vimos, Rawls começou a escrever *Uma teoria da justiça* no final da década de 1950, e continuou a elaborar a obra ao longo da década de 1960. Nessa época, a tradição dominante na filosofia política e moral era o utilitarismo, que tinha sustentado sua posição de dominância por quase um século. Não é de surpreender, portanto, que Rawls discuta extensivamente o utilitarismo em sua obra – e nós também o faremos. Por enquanto, será suficiente enunciar a ideia principal da teoria, que é extremamente simples e, pelo menos inicialmente, bastante razoável. O utilitarismo sustenta, fundamentalmente, que as ações, leis, instituições etc. podem ser julgadas como melhores ou piores de acordo com a tendência que tenham de ampliar ao máximo o somatório de felicidade dos indivíduos, considerando a felicidade de cada pessoa da mesma forma.

Quando apresentado pelo filósofo inglês Jeremy Bentham (1748-1832) no final do século XVIII, o utilitarismo constituía-se em uma doutrina filosófica impressionante – ou mesmo radical. Ela colocava de lado toda e qualquer referência à vontade divina, aos interesses da sociedade, aos costumes e tradições, à lei da natureza etc. No lugar disso tudo, a doutrina pregava o que se pensava ser o procedimento diretamente racional e científico de simplesmente medir a felicidade de cada indivíduo e depois calcular a felicidade da população como um todo. Nesse sentido, o utilitarismo foi obviamente um produto do Iluminismo – época de enorme confiança na razão e no método científico e de enorme desconfiança em relação à religião, à superstição e à tradição. Outra característica notável e, de fato, potencialmente revolucionária, do utilitarismo foi sua insistência em considerar a felicidade de todas as pessoas exatamente da mesma maneira: a felicidade dos reis e dos nobres não importa mais, ou menos, do que a felicidade dos comerciantes ou dos camponeses, a felicidade dos ingleses não difere da felicidade dos franceses etc. Assim, o discípulo mais importante e influente de Bentham, John Stuart Mill (1806-1873), argumentava que, pelo fato de a felicidade dos homens não dever ter maior peso do que a felicidade das mulheres, muitas das desigualdades sociais e legais entre os sexos deveriam ser eliminadas. Para muitas pessoas dos séculos XVIII e XIX, era difícil engolir essas ideias.

Com o tempo, naturalmente, o utilitarismo passou a parecer menos radical, à medida que as pessoas se acostumavam com a ideia de uma moral igualitária, digna de todos os seres humanos. Assim, as características do utilitarismo que mencionamos até aqui não explicam integralmente a continuidade de sua dominância já no século XX. Essa persistência pode ser mais bem explicada por algumas de suas outras virtudes de algum modo mais sutis e conceituais. A mais importante delas é a completude e determinação do utilitarismo: não há questão moral, política ou social possível para a qual o utilitarismo, pelo menos em princípio, não possa oferecer uma resposta definitiva e sólida. Isso faz do utilitarismo uma teoria extremamente poderosa, além de oferecer grande obstáculo a potenciais competidores, o que pode ser ilustrado pelo fracasso de outra teoria, popular em alguns círculos filosóficos durante a primeira metade do século XX, o intuicionismo.

Para compreender as motivações do intuicionismo, devemos primeiro compreender que apesar de o utilitarismo ser, de longe, a teoria dominante, nem todos estavam felizes com ela. Deixe-me explicar. Suponha que Maria tenha prometido dar R$ 100,00 a João, para pagar algum favor que ele tenha feito a ela, mas que, depois de algum tempo, ela constate ser extremamente inconveniente cumprir o que prometera. A intuição moral de nosso bom senso nos diz que, independentemente do que tenha ocorrido, Maria tem uma espécie de obrigação de cumprir o que prometera, apesar da inconveniência. A dificuldade está em que o utilitarismo nos diz que nossas intuições aqui podem estar erradas. Se, por exemplo, a infelicidade que Maria experimentaria ao cumprir a promessa fosse significativamente maior do que a infelicidade que João experimentaria se ela não a cumprisse, o utilitarismo tenderia a recomendar o não cumprimento. Muitas pessoas não ficaram satisfeitas com essa conclusão. Para dar outro exemplo: suponha que Maria tenha cometido um crime violento. Novamente, a intuição moral de nosso bom senso sugere que ela – e somente ela – merece ser punida. O utilitarismo, contudo, não está necessariamente de acordo com essa intuição. Partindo do princípio de que qualquer punição presumivelmente reduziria a felicidade de Maria, é preciso demonstrar que a punição sirva a algum propósito útil para contrabalançar essa perda. Esse propósito pode ser, por exemplo, a dissuasão ou algum meio de intimidação: se Maria for punida assim, menos pessoas cometerão crimes violentos no futuro e a felicidade geral aumentará. Mas observe que, na visão utilitarista, não há como afirmar que Maria mereça, especificamente, ser punida. Na verdade, se enfrentarmos problemas para intimidar Maria, poderemos consumar dissuasão ou intimidação semelhante se enquadrarmos o inocente João e o punirmos no lugar dela. Colocadas de lado as dificuldades práticas, o utilitarismo não nos dá, de início, uma razão para considerarmos essa tática como moralmente inaceitável.

Assim, vemos que, apesar de sua razoabilidade inicial, o utilitarismo, quando pensado cuidadosamente, pode divergir muito da moralidade do nosso bom senso. Esse fato foi amplamente reconhecido: a questão era apenas o que fazer em relação a ele. Outra teoria foi proposta. Talvez a moralidade do bom senso esteja amplamente correta, argumentou-se. Talvez nossas mais fortes intuições em tais casos estejam a revelar-nos a estrutura fundamental da moralidade, que consiste em um conjunto de princípios morais primitivos, tais como a fidelidade, o merecimento, a beneficência etc. Se deixarmos de lado alguns detalhes mais complicados, mas de menor importância para este texto, é essa a perspectiva que *grosso modo* chamamos de "intuicionismo". O intuicionismo ofereceu uma alternativa para quem estava profundamente insatisfeito com o utilitarismo, e isso explica por que a doutrina atraiu seguidores no início do século XX.

Porém, é também fácil entender por que o intuicionismo jamais poderia ter suplantado o utilitarismo como teoria dominante. O intuicionismo faz pouco mais do que nos dar um nome para o que hoje continua a ser apenas um amontoado de intuições. O que devemos fazer quando, por exemplo, nossa obrigação de cumprir uma promessa entra em conflito com nossa obrigação de não causar mal aos outros? As intuições, sozinhas, não nos oferecem uma orientação clara. Em outras palavras, a teoria é dolorosamente incompleta, e aqui a grande força do utilitarismo, que pode responder a qualquer pergunta possível, aparece integralmente. Considerada essa força, pode-se concluir de maneira plausível que devemos duvidar de nossas intuições toda vez que elas divergirem do utilitarismo, e não o contrário. Afinal de contas, nossas intuições podem simplesmente ser o produto de uma criação tendenciosa e de uma educação inadequada. Por que depositar tanta confiança em sua precisão? O utilitarismo só poderia ser suplantado por uma teoria que tivesse poder conceitual comparável. Por isso, ele foi dominante por tanto tempo, apesar do permanente desconforto que causava entre a filosofia moral e política de muitos filósofos.

Era essa, aproximadamente, a situação quando Rawls começou sua obra, como ele indica de maneira clara no prefácio de *Uma teoria da justiça*: "Durante boa parte da filosofia moral moderna, a teoria sistemática predominante foi alguma forma de utilitarismo". Quem criticava o utilitarismo "observava as evidentes incongruências entre muitas de suas implicações e nossos sentimentos morais. Mas tais pessoas não conseguiram [...] construir uma concepção moral funcional e sistemática para lhe fazer oposição". Rawls visava a retificar essa situação, isto é, "oferecer um enfoque sistemático alternativo sobre a justiça, superior [...] ao utilitarismo dominante da tradição" (vii-viii; xvii-xviii Rev.).[2] A alternativa oferecida por Rawls chama-se "justiça como equidade", e o ponto central de seu livro é simplesmente a explicação e a defesa dessa alternativa, como algo contrário ao utilitarismo em particular.

1.2.2 A tradição do contrato social

Rawls, de maneira alguma, inventou sua teoria da justiça como equidade a partir do zero. Com efeito, embora isso até diminua sua empreitada, ele sempre negou que a teoria fosse original. Em outro trecho do prefácio, Rawls diz que simplesmente tentou "generalizar e levar a um nível mais alto de abstração a tradicional teoria do contrato social conforme representada por Locke, Rousseau e Kant" (viii; xviii Rev.). Pelo fato de o próprio Rawls chamar nossa atenção para esses autores, devemos, ainda que brevemente, rever suas ideias, como uma espécie de pano de fundo para a nossa leitura. É interessante notar que os autores citados são anteriores ao surgimento do utilitarismo. Tal ato pode fazer com que nos perguntemos, primeiramente, por que as perspectivas dos três autores citados foram suplantadas pelo utilitarismo no século XIX e, em segundo lugar, o que Rawls encontrou em suas obras que outros não haviam percebido.

A teoria tradicional do contrato social, à qual Rawls se refere, foi popular nos séculos XVII e XVIII, atingindo o ápice de sua influência histórica por volta da época da Revolução Americana (1776) e – pelo menos inicialmente – da Revolução Francesa. Essa teoria era em si mesma uma combinação e recriação de duas ideias ainda mais antigas, cujos fundamentos podem ser encontrados na Idade Média, senão anteriormente. A primeira dessas ideias era o que se chamava de "estado natural" – uma época imaginada na história da humanidade, anterior ao aparecimento da autoridade política e das instituições sociais. Essa noção de "estado de natureza" foi considerada proveitosa para a distinção entre o que era natural e o que era artificial nas atividades humanas. Por exemplo, podemos nos perguntar se teria havido algo como a propriedade privada nesse estado natural, o que, em caso de resposta afirmativa, nos levaria a considerar a propriedade privada como "natural" – e não como um fenômeno construído política e socialmente. A segunda ideia era a de que o governo tinha como base, de algum modo, uma espécie de acordo geral ou pacto entre governantes e governados. Esse pacto original pode estar expresso no juramento de coroação de um rei, por exemplo, segundo o qual o monarca concorda em governar de maneira justa e benevolente, ao passo que o povo, por sua vez, jura obediência a suas ordens.

Ambas as ideias estavam em voga há muito tempo quando, no século XVII, ocorreu a alguns autores que elas poderiam ser combinadas em uma só teoria. *Grosso modo*, começamos por imaginar as pessoas vivendo em um estado natural, sem governo. Depois, refletimos sobre as várias desvantagens dessa condição, como, por exemplo, o fato de que as vidas e os bens das pessoas não estão muito seguros em tal estado. Impõe-se à razão o fato de que essas pessoas em breve se uniriam, com a intenção de acabar com o estado da natureza e de estabelecer algum tipo de governo. O resultado desse processo seria um contrato social, isto é, um acordo que estabelecesse os termos segundo os quais o governo seria formado e as condições sob as quais tal governo operaria. Já que as pessoas no estado natural almejariam superar determinados problemas apenas, sustentou-se, em geral, que a autoridade de qualquer governo que elas criassem estaria então limitada a essas áreas particulares de competência – acreditava-se que nenhuma pessoa sensata abriria mão voluntariamente de mais liberdade natural do que o absolutamente necessário. A afirmação canônica dessa doutrina está na obra de John Locke (1632-1704), que exerce grande influência sobre pessoas como Thomas Jefferson: quando Jefferson escreveu, na Declaração de Independência dos Estados Unidos, que os governos são instituídos para garantir direitos inalienáveis, que o justo poder dos governos deriva do consentimento dos governados e assim sucessivamente, era óbvio para os seus contemporâneos que ele estava fazendo referência à conhecida doutrina do contrato social.

Apesar de sua influência, em uma ou duas gerações a teoria do contrato social perdeu, contudo, quase todo o seu crédito. Por que isso aconteceu? Uma das razões é que, com uma melhor historiografia, ficou cada vez mais óbvio que o estado de natureza era pura ficção. O que uma história falsa pode nos dizer manifestamente sobre o modo como devemos organizar nossas sociedades aqui e agora? Outra razão foi a de que se poderia demonstrar com facilidade que dificilmente alguém de fato dá consentimento ao seu governo em especial. Na maior parte das vezes, nascemos onde quer que nasçamos e (em graus variáveis) simplesmente toleramos o governo que temos. Há muito o que dizer aqui, e a tradicional teoria do contrato social tinha, na verdade, respostas coerentes a essas objeções, as quais, para que possamos entender a teoria de Rawls, precisamos conhecer. A questão central é simplesmente a de que essas objeções foram geralmente consideradas decisivas, e que a teoria ficou obsoleta tão logo surgiu o utilitarismo.

1.2.3 A filosofia moral de Kant

Dos outros dois filósofos mencionados por Rawls – Jean-Jacques Rousseau (1712-1778) e Immanuel Kant (1724-1804) –, Kant é o mais importante para a história deste livro. Embora Rousseau seja certamente interessante e importante, podemos aqui simplesmente observar que ele serviu como uma espécie de transição entre Locke e Kant. Pode-se dizer que Kant, mais do que qualquer outro filósofo, foi quem inspirou a obra de Rawls. Infelizmente, os influentes textos de Kant, que cobrem uma vasta gama de temas filosóficos, são de difícil leitura e compreensão. Aqui, discutiremos apenas um aspecto do que ele escreveu sobre a filosofia moral, que é especialmente significativo para a apreciação da obra de Rawls.

Em 1785, Kant publicou um livro curto, mas denso, com um título impositivo: *Fundamentação da metafísica dos costumes*. Para simplificar, esse ensaio apresenta e tenta resolver um problema filosófico muito abstrato e geral. Na maior parte de nossas ações que não são simples respostas dadas por reflexo ou hábitos automatizados, tendemos a agir com base nas razões que nos parecem boas. Por exemplo, apesar de seu desejo de dormir até tarde algumas vezes, podemos imaginar que Maria se levanta da cama de forma responsável toda manhã porque acredita que tem uma boa razão para chegar no horário em suas aulas na faculdade de administração. Porém, a maior parte de nós, na maior parte das vezes, não quer que nossas razões apenas *pareçam* boas, mas que elas *sejam* realmente boas, isto é, queremos agir com base no que pode ser chamado de razões *válidas* (se acontecesse de Maria não ter de chegar a tempo para a aula, ela, compreensivelmente se sentiria aborrecida e, provavelmente, mudaria de comportamento por causa disso). É, portanto, uma questão filosófica interessante a que pergunta: o que pode, se algo de fato o faz, tornar nossas razões válidas ou inválidas?

Para responder a essa pergunta, Kant divide os tipos de razões que podemos ter em dois grupos. No primeiro grupo, está o que podemos chamar de razões instrumentais. Suponha que Maria queira ser rica, e suponha também que frequentar o curso de Administração aumentará a probabilidade de que ela de fato se torne rica. Parece decorrer daí, então, que ela de fato tem uma razão – uma razão válida – para cursar Administração. A validade das razões instrumentais é suprida por nossos objetivos ou metas, juntamente com alguns fatos sobre o mundo. De maneira um pouco confusa, Kant chama os comandos que decorrem de razões instrumentais válidas como essa de "imperativos hipotéticos" (hipotéticos apenas no sentido de que sua validade depende da existência da meta ou objetivo relevante, que pode ou não estar presente em um dado caso ou para uma dada pessoa). Essas razões diferem de outro grupo de razões, que não são instrumentais. Considere o fato de termos uma boa razão para salvar um bebê que caia em uma piscina perto de nós quando não há ninguém mais à volta para resgatá-lo. Se de fato existe essa razão, ela não parece ser dependente de nossas metas ou objetivos. Algumas pessoas, por exemplo, querem ser elogiadas como pessoas moralmente virtuosas, ao passo que outras são indiferentes a isso; contudo, ambos os tipos de pessoa, *deveriam* salvar o bebê (embora, admita-se, o segundo tipo talvez seja menos propenso a fazê-lo). Kant chama os comandos que derivam de razões válidas não instrumentais de "imperativos categóricos".

Como vimos, é relativamente fácil explicar por que os imperativos hipotéticos são válidos. A dificuldade maior reside em explicar por que os imperativos categóricos são válidos – e essa é especial contribuição de Kant. O filósofo alemão argumenta que há uma única regra de decisão para determinar se algo é ou não um imperativo categórico. Para tornar as coisas ainda mais confusas, porém, ele também nos oferece várias formulações – cinco, na maioria das vezes – dessa regra decisória única, que são supostamente equivalentes. Mencionarei apenas duas aqui. A primeira é chamada a fórmula da humanidade, que instrui o homem a agir de modo "a usar a humanidade, seja para com a sua própria pessoa, seja para com qualquer outra, sempre e ao mesmo tempo como fim, nunca meramente como meio" (Kant, 1785:38). Em outras palavras, não devemos tratar as pessoas como se elas fossem simplesmente instrumentos de nossos próprios propósitos. A outra formulação, ainda mais famosa, é a chamada fórmula da lei universal, que instrui o homem a "agir somente em concordância com aquela máxima pela qual ele possa ao mesmo tempo desejar que ela se torne uma lei universal" (ibid.: 31). O interessante sobre essa proposta é que, embora tal fato não tenha sido amplamente reconhecido no inicio, é que ela pode referir-se a alguns dos problemas (discutidos acima) que atormentavam o utilitarismo. Considere novamente a decisão de Maria de cumprir ou não a promessa de pagar o que deve a João. Essa decisão pode ser descrita como uma escolha entre duas máximas que competem entre si: de acordo com a primeira, as pessoas devem cumprir suas promessas se forem capazes de fazê-lo; de acordo com a segunda, as pessoas devem cumprir suas promessas apenas se isso lhes for conveniente. Qual das máximas Maria quereria que fosse a lei universal, isto é, a regra que todos, inclusive ela, devem cumprir? Se ela for sensata, a resposta é claramente a primeira opção, e não a segunda. Isso, de acordo com Kant, nos informa que a primeira é um imperativo categórico válido.

Apesar da promessa dessa linha de raciocínio, a filosofia moral de Kant não foi, durante algum tempo, desenvolvida em uma teoria capaz de competir com o utilitarismo. Isso se deveu, parcialmente, ao fato de que a opacidade do texto kantiano impediu a compreensão de muitas de suas ideias; por algum tempo, pensou-se que a filosofia moral de Kant, se é que fosse inteligível, era efetivamente equivalente ao utilitarismo! Esse, porém, não era o único problema. Havia também o problema de que a fórmula da lei universal, pelo menos conforme apresentada na obra de Kant, continha alguns "furos" importantes. Para entender isso, devemos primeiramente observar que embora a máxima de nossa ação deva ser universal no sentido de que todos deveriam adotá-la, não há nada na teoria que requeira que a máxima trate todas as pessoas da mesma forma. Nem deveria haver: a máxima "dê cadeiras de rodas aos deficientes físicos, mas não às outras pessoas" é uma máxima perfeitamente sensata que poderíamos querer que todos adotassem. Mas se essa máxima é permitida, o que há de errado com a máxima "sempre discrimine as minorias, mas não os outros"? Se Maria não for ela própria parte de uma minoria, é perfeitamente coerente para ela querer que todos, inclusive ela, adotem essa máxima, e isso parece suficiente, no que diz respeito à fórmula da lei universal, para demonstrar que o comportamento discriminador de Maria está sustentado por razões válidas. Mas isso não parece certo.

Hoje, há, é claro, muitos tratamentos sofisticados da filosofia moral kantiana que nos ajudam a superar dificuldades como essas. Mas isso tudo aconteceu em momento mais tardio. Quando Rawls começou seu trabalho, na década de 1950, Kant ainda era uma figura relativamente obscura na história da filosofia, a tradição do contrato social era considerada como efetivamente morta, e o utilitarismo era o que imperava. A genialidade de Rawls foi perceber o que ninguém mais havia percebido: que as ideias encontradas nos escritos de figuras do passado, como Locke e Kant, apesar de algumas falhas, poderiam ser retrabalhadas com maior sofisticação, a fim de se chegar a uma teoria poderosa, que pudesse representar uma verdadeira contrapartida ao utilitarismo. No próximo capítulo, veremos como Rawls tenta fazer isso.

1.3 VISÃO GERAL DOS ESCRITOS DE RAWLS

O enfoque deste guia de leitura será a obra mais importante de Rawls, *Uma teoria da justiça*. O livro, como vimos, foi escrito, em sua maior parte, na década de 1960, e foi publicado em 1971. Poucos anos depois, uma tradução para o alemão foi feita e, no processo de apresentar o manuscrito para a tradução, Rawls introduziu uma série de revisões textuais. Embora essas mudanças tenham sido feitas por volta de 1975, a versão revisada do texto só foi publicada em inglês em 1999. A maior parte dessas mudanças é de pouca relevância, e as duas edições serão tratadas aqui de maneira intercambiável, apesar das diferenças de paginação. As poucas diferenças substanciais serão mencionadas quando surgirem.*

Rawls escreveu muitos outros textos além de *Uma teoria da justiça*. Por isso, pode ser útil colocar sua principal obra em contexto, relativamente às outras. Nos anos que antecederam a publicação de *Uma teoria da justiça*, Rawls propôs muitos de seus principais argumentos em uma série de ensaios que apareceram em periódicos especializados em filosofia. Três desses ensaios merecem menção. Em "Outline of a decision procedure for ethics" (1951), o autor elaborou uma argumentação fundamental sobre a justificação na filosofia política e moral. A ideia básica – que ele chama de "equilíbrio reflexivo" – está presente, de modo subjacente, em todos os seus escritos sobre filosofia política e moral, e influenciou muitos filósofos de modo bastante independente da linha de argumentação que deriva de *Uma teoria da justiça*. Em "Two concepts of rules" (1955), Rawls estuda o utilitarismo – teoria que em última análise se propusera a derrotar – de uma maneira que prende a atenção, como uma teoria voltada a uma espécie particular de problemas da filosofia política pelos quais ele se interessa muito (*grosso modo*, como veremos no próximo capítulo, ele apresenta o utilitarismo como uma atraente teoria da justiça social). Uma das razões para fazer isso talvez seja a de que quanto mais indulgente for sua apresentação do utilitarismo, mais convincente sua resposta a ele será. Finalmente, em "Justice as Fairness" (1958), Rawls estabelece o ponto central de seu argumento para uma alternativa ao utilitarismo. Esse artigo é uma espécie de esboço do livro que viria a seguir.

Algum tempo depois da publicação de *Uma teoria da justiça*, Rawls começou a reconsiderar fundamentalmente alguns aspectos importantes de sua teoria. Os detalhes dessa mudança são extremamente complexos e estão fora do escopo deste guia de leitura, embora seja importante estar ciente de que a mudança aconteceu. As reconsiderações de Rawls apareceram inicialmente, de novo, em uma série de artigos, os três mais importantes dos quais foram: "Kantian constructivism in moral theory" (1980), "Social unity and primary goods" (1982) e "Justice as fairness: political not metaphysical" (1985). Ao final do processo, quando terminou de trabalhar todas as dimensões inter-relacionadas de suas novas perspectivas, Rawls publicou um segundo grande livro, *Political liberalism*, em 1993. Trata-se de um livro extremamente difícil e, de muitas maneiras, incompreensível para o leitor não familiarizado ainda,

---

* N. de R.T.: Indicamos algumas traduções para a língua portuguesa desta obra de John Rawls: 1) John Rawls: *Uma teoria da justiça*. 4.ed. Trad. De Almiro Pisetta e Lenita M.R.Esteves. São Paulo: Martins Fontes, 2000. 2) John Rawls: *Uma teoria da justiça*. Trad. de Carlos Pinto Correia. Lisboa: Presença, 1993. 3) John Rawls: *Uma teoria da justiça*. Trad. de Vamireh Chacon. Brasília, Univ. de Brasília, Pensamento Político, 1981.

em alguma medida, com as ideias de *Uma teoria da justiça*. Essas duas obras, que juntas chegam a quase mil páginas, representam em grande parte a perspectiva geral do autor sobre os temas que estudou.

Este livro é um guia de leitura para *Uma teoria da justiça*. Farei referências às mudanças de perspectiva de Rawls apenas na medida em que elas ajudarem a melhor compreender o texto de *Uma teoria da justiça*. Para quem se interessa pelas últimas perspectivas de Rawls, mas que se sente intimidado pelo fato de ter de ler seus dois grandes livros, há também uma apresentação mais curta intitulada *Justice as fairness: a restatement* (2001). Tal livro não foi exatamente escrito por Rawls. É uma série de palestras dadas por ele em Harvard, que, de modo prático, resumem e cotejam os argumentos de seus dois principais livros. Embora não seja um substituto para *Uma teoria da justiça* e *Political liberalism*, essas palestras constituem-se efetivamente em uma introdução extremamente valiosa para a última perspectiva de Rawls, e podem servir como um guia bastante prático para orientar o leitor a entender como tudo se encaixa na obra do autor.

NOTAS

1. Maiores detalhes sobre a biografia de Rawls podem ser encontrados em Pogge (2007) e Freeman (2007).
2. Todas as referências a *Uma teoria da justiça* serão feitas desta forma, indicando a página ou páginas na edição original (1971) em primeiro lugar, seguida da página ou páginas da edição revisada (1999a).

2
VISÃO GERAL DOS TEMAS

2.1 A IDEIA PRINCIPAL DE *UMA TEORIA DA JUSTIÇA*

Uma teoria da justiça é uma obra longa e densa, chegando a quase 600 páginas, e é fácil perder-se em seus detalhes. Dessa forma, é útil analisar o texto tendo-se em mente o que Rawls está tentando argumentar. Este capítulo visa a demonstrar isso, juntamente com um guia geral para navegar pelo longo texto. Felizmente, a ideia central do argumento de Rawls é de entendimento relativamente simples.

Lembre-se do Capítulo 1: quando Rawls elaborou sua própria teoria, duas teorias de filosofia moral e política estavam presentes. A primeira e mais dominante delas era, naturalmente, o utilitarismo. Para a maior parte das pessoas, nada parecia tão poderoso ou sofisticado quanto o utilitarismo. Porém, ao mesmo tempo, muitas pessoas admitiam que o utilitarismo apresentava uma série de características problemáticas, algumas das quais já apontamos. Vamos aqui considerar mais uma. Imagine alguma sociedade na qual uma pequena minoria da população é mantida na mais abjeta escravidão. Esses escravos são bastante infelizes, é claro, e todas as outras pessoas são, em alguma medida, mais felizes do que eles, já que são os escravos que realizam muitos dos trabalhos mais árduos de tal sociedade. Pode acontecer, portanto, que, se somarmos as melhorias que dizem respeito à felicidade da maioria, chegaremos a uma soma muito maior do que o total de infelicidade impingido aos escravos, muito embora cada escravo seja, individualmente, infeliz ao extremo. Nessa sociedade, o utilitarismo provavelmente apoiaria a instituição da escravidão. Bom, mas é claro que também esperaríamos que os números não se apresentassem assim, e de fato talvez não se apresentem. Mas isso importa? Dito de outra forma, a justiça ou a injustiça da escravidão deveria depender do que os números mostram? Muitas pessoas têm a forte intuição moral de que a resposta seja *não* – de que o fato de a felicidade da maioria superar a infelicidade dos escravos não deve ser importante, uma vez que escravizar seres humanos está evidentemente errado.

A dificuldade, porém, é que isso não é mais do que uma intuição, o que nos leva à outra teoria da filosofia moral e política: o intuicionismo. Porém, como discutimos no capítulo anterior, o intuicionismo acaba por não ser de fato uma teoria, mas um nome dado a uma mixórdia de intuições morais. O intuicionismo não pôde sequer ter a esperança de derrotar o utilitarismo porque não tinha resposta para o que devemos fazer em muitos casos em que nossas intuições são incompletas, vagas ou – pior de tudo – conflitantes entre si. Para Rawls, precisávamos de uma teoria melhor – tão poderosa e sistemática quanto o utilitarismo, porém mais aparelhada – para dar conta de nossas intuições morais, como a de que, por exemplo, a instituição da escravidão é algo intrinsecamente errado. Como seria essa teoria?

Para dar uma noção geral de como Rawls enfrentou essa tarefa, é necessário, primeiro, que apresentemos algumas ideias fundamentais. Voltaremos a essas ideias mais detalhadamente quando discutirmos as passagens relevantes do texto; por enquanto, é suficiente ter uma noção geral de sua significação. A primeira dessas ideias é a da sociedade como "sistema de cooperação". Esse é um modo de pensar sobre o que uma sociedade é ou, pelo menos, quais são suas características mais importantes, algo que podemos ilustrar da seguinte maneira: imagine três amigos que queiram começar um negócio juntos. Um deles é um bom *designer* de produtos, outro é bom em *marketing* e o terceiro é um contador experiente. Trabalhando em conjunto, a parceria terá sucesso e ganhará muito dinheiro, o que não acontecerá se eles trabalharem de modo independente ou em competição recíproca. Suponhamos que os três concordem em trabalhar juntos. Em algum momento, eles terão de decidir como dividir o lucro da empresa. Qual seria uma boa regra para fazer isso? O *designer* poderia argumentar que, sem um bom produto, não haveria nada para vender e que, por sua contribuição ser fundamental, ele deveria receber a maior parte do lucro. O especialista em *marketing*, por sua vez, poderia dizer que, sem o seu trabalho, a empresa não teria clientes e, portanto, não teria lucro. Por isso, sua parte deveria ser a maior. E assim sucessivamente. O importante a observar aqui é que é melhor que eles todos concordem em obedecer a *alguma* regra, porque, caso contrário, não haveria parceria e, consequentemente, lucro para ser dividido. Porém, é bom observar que talvez as ideias de cada um deles sejam conflitantes em relação a qual regra deveriam obedecer, já que regras diferentes beneficiam partes diferentes. A parceria, portanto, é mutuamente benéfica e, ao mesmo tempo, passível de ser fonte de desacordo.

Rawls acredita que podemos pensar em uma sociedade da mesma maneira, ainda que em uma escala muito mais ampla e complexa. Conforme diz o autor:

> [...] a sociedade é, mais ou menos, uma associação autossuficiente de pessoas que em suas relações mútuas reconhecem determinadas regras de conduta como obrigatórias e que, em sua maior parte, agem de acordo com elas. Suponha que essas regras especifiquem um sistema de cooperação projetado para ampliar o bem de quem dele participa. Pois bem, embora a sociedade seja um empreendimento cooperativo voltado ao benefício de todos, ela será normalmente marcada pelo conflito e também por uma identidade de interesses. (4; 4 Rev.)

Considere, por exemplo, o modo como os empregos são preenchidos em diferentes sociedades. Nas sociedades feudais, os empregos são, em geral, já determinados no nascimento; assim, se seu pai foi, digamos, um ferreiro, você também o será; se foi um camponês, você também o será... Nas sociedades de economia planificada, ao contrário, os trabalhos são determinados pelo planejamento governamental, que busca alocar as pessoas de acordo com alguma avaliação de suas capacidades e com as necessidades da comunidade. Nas economias capitalistas, os empregos são determinados por meio do mercado de trabalho, governado não só pelas leis de oferta e procura, mas também por regras trabalhistas, licenças para exercer determinada profissão etc. Esses são exemplos dos tipos de "regras de conduta" que especificam o "sistema de cooperação" que Rawls tem em mente. Já que essas regras "ampliam o bem de quem participa do sistema" (todos nós nos beneficiamos com a divisão do trabalho, por exemplo), podemos considerar a sociedade como "um empreendimento cooperativo voltado ao benefício de todos". Mas, ao mesmo tempo, já que uma determinada configuração de regras pode favorecer algumas pessoas, e uma configuração diferente a outras pessoas, a sociedade é "normalmente marcada pelo conflito e também por uma identidade de interesses". O problema está em decidir qual sistema de cooperação seria o melhor para todos.

Isso nos leva à segunda ideia fundamental do pensamento de Rawls: o que ele chama de "estrutura básica de uma sociedade", que é definida como "o modo pelo qual as mais importantes instituições da sociedade distribuem os direitos e deveres fundamentais e determinam a divisão dos benefícios a partir da cooperação social" (7; 6 Rev.). Com outro exemplo simples, poderemos entender melhor o que o autor quer dizer. Considere dois integrantes de uma mesma sociedade, Maria e João. Suponhamos que sejam indivíduos que tenham inteligência e capacidade similares, mas que Maria trabalhe arduamente e que João seja preguiçoso. Se perguntássemos qual dos dois teria maiores chances de ter uma vida melhor (de modo convencional), sendo os demais fatores iguais, provavelmente escolheríamos Maria. Mas isso nem sempre acontece: muito do que está em jogo depende do tipo de sociedade em que vivam. Por exemplo, imaginemos que vivessem em uma sociedade feudal, e que Maria fosse uma camponesa, e João um nobre. Mesmo que Maria se esforçasse muito, a vida dela provavelmente, em qualquer medida razoável, não seria tão boa quanto a de João. Ou imaginemos que Maria fosse uma escrava no sul dos Estados Unidos do início do Século XIX, enquanto João fosse o filho do dono de uma grande área de terras: novamente, a vida de Maria seria provavelmente pior, apesar de seu esforço. O que esses exemplos sugerem é que o fato de nossas vidas serem boas ou ruins só em parte se deve ao nosso esforço individual. Isso não quer dizer, é claro, que o esforço individual não vale nada – Maria provavelmente terá um futuro pessoal melhor se trabalhar arduamente. A questão é que o modo pelo qual a sociedade está organizada terá um papel importante no processo.

Isso é, aproximadamente, o que Rawls chama de "estrutura básica" da sociedade: a estrutura básica é o conjunto de instituições e práticas sociais que sistematicamente influenciam o modo como serão nossas vidas, independentemente do esforço individual. Essas instituições e práticas incluem obviamente o sistema de governo e as leis, mas também coisas menos óbvias, como a organização da economia e, em alguns casos, as condições culturais. Como exemplo do primeiro caso, suponha que João tenha um dom natural para jogar bem beisebol. O fato de sua vida ser boa dependerá parcialmente do esforço que dedica ao cultivo desse talento, mas também dependerá parcialmente da estrutura da economia: se houver um mercado aberto para quem tem o talento de jogar beisebol, a vida de João poderá ser bem melhor do que se não houvesse tal mercado. Como exemplo do segundo caso, suponhamos que Maria tenha nascido em uma sociedade profundamente sexista. Mesmo que esse sexismo não esteja refletido em leis e políticas oficiais, a vida dela provavelmente não será tão boa quanto em uma sociedade menos sexista. Assim, vemos que a ideia de estrutura básica da sociedade é extremamente ampla e abstrata: inclui todas aquelas instituições e práticas – legais, econômicas e culturais – que juntas constituem as condições de pano de fundo ou o ambiente social no qual os membros individuais de uma sociedade vivem suas vidas do melhor modo que podem, de acordo com seus próprios projetos.

Embora essa ideia de estrutura básica seja extremamente ampla e abstrata, ela dá a Rawls uma base para enfrentar o utilitarismo mais de perto. Isso porque o utilitarismo tem sido em geral interpretado não meramente como uma teoria sobre como as sociedades devem ser organizadas, mas, com efeito, como uma filosofia moral bem acabada, o que equivale a dizer que podemos considerar o utilitarismo não só como algo que dá uma resposta ao fato de a instituição da escravidão ser aceitável ou não, mas também como algo que dá uma resposta sobre o fato de eu dever ou não mentir para um amigo, a fim de proteger seus sentimentos, ou se devo ou não gastar meu aumento salarial em um carro novo ou doá-lo à caridade, e assim sucessivamente. Debate-se se uma interpretação mais ampla ou mais restrita do utilitarismo é melhor, e também qual delas os pais do utilitarismo (Bentham, Mill e outros) tinham em mente, mas podemos deixar essas questões de lado ao discutir Rawls. O importante aqui é saber que *Uma teoria da justiça* se volta ao utilitarismo em seu sentido mais restrito, como uma teoria centrada no que poderíamos chamar de justiça social.[1]

Se pensarmos a sociedade como um sistema de cooperação de benefício mútuo (conforme discutimos acima), e se pensarmos a estrutura básica dessa sociedade como algo que estabelece os principais termos de cooperação, podemos então pensar em uma teoria de justiça social como uma teoria sobre qual estrutura básica melhor exemplificaria a virtude de se ser justo. Nas palavras de Rawls, a estrutura básica é "o objeto da justiça" (7; 6 Rev.) A partir desse ponto de vista, o utilitarismo é a teoria segundo a qual a estrutura básica mais justa seria aquela que tenderia a ampliar ao máximo a soma da felicidade geral dos integrantes de uma sociedade, contando a felicidade de cada um de maneira igual. Sem nos preocuparmos com o fato de o utilitarismo servir ou não para dar um relato aceitável da moralidade em geral, podemos perguntar mais restritamente se ele seria o melhor instrumento para dar conta da justiça social. Na visão de Rawls, não seria. Mas qual teoria que o autor, então, julga melhor?

A fim de entendermos sua proposta, podemos novamente fazer uso de um exemplo. Imagine que um pecuarista rico tenha morrido e deixado seu rebanho para dois filhos, sem especificar quais animais deveriam ficar com este ou aquele filho. Todo animal tem suas características próprias, e dividir o rebanho não é tão simples quanto colocá-los em dois grupos numericamente iguais, ou dar todos os animais marrons para um filho e os pretos para o outro. Digamos que os irmãos não cheguem a um acordo sobre a divisão dos animais e decidam consultar um juiz sábio. Como ele deve proceder? A resposta é simples. O juiz diz a um dos irmãos: "Divida o rebanho em dois lotes, do modo como você julgar adequado". Voltando-se ao outro irmão, diz: "Depois que seu irmão tiver dividido o rebanho em duas partes, você escolhe qual das duas será sua e qual será dele." Esse procedimento será considerado justo por muitas pessoas. Já que o primeiro irmão pode presumir que o segundo escolherá o melhor lote, se houver um, sentir-se-á impelido a dividir o rebanho do modo mais justo possível, de modo a ficar satisfeito com qualquer dos lotes que toque a ele próprio. Pois bem, a teoria da justiça social – o que Rawls chama de "justiça como equidade" – baseia-se essencialmente na mesma ideia.[2]

Para Rawls, a estrutura básica mais justa de uma sociedade é aquela que alguém escolheria se não soubesse qual viria a ser seu papel particular no sistema de cooperação daquela sociedade. Isso equivale a dizer que você pode tornar-se um rico empresário ou um varredor de rua. A questão é: em que tipo de sociedade você gostaria de viver se não soubesse o papel que viria a ter? Nossa resposta para essa questão fornece-nos um entendimento do que é uma sociedade justa. Trata-se de uma ideia extremamente interessante, e o ponto central de *Uma teoria da justiça* é simplesmente desenvolver detalhadamente esse único e fundamental pensamento.

Antes de esmiuçar tais detalhes, porém, vale a pena observar o modo como Rawls reúne várias das ideias discutidas no capítulo anterior. Primeiro, ele busca em Locke a noção de contrato social, mas dispensa a bagagem histórica associada a tal doutrina: não precisamos imaginar que as pessoas tenham vivido em um estado natural, nem que tenham de fato consentido a existência de um determinado governo. Para Rawls, a questão posta acima é meramente hipotética – um exercício do pensamento. Observe também que o conteúdo do contrato social mudou de maneira significativa: em vez de ser um acordo concernente a uma forma de governo, o contrato social imaginado por Rawls é um acordo concernente à estrutura básica da sociedade. No lugar de um estado natural, Rawls imagina pedir às pessoas que escolham uma estrutura básica a partir de uma "posição original". Já que não se espera que ninguém saiba qual papel ocupará na sociedade, Rawls diz que, na posição original, seria preciso escolher a partir de um ponto localizado atrás de "um véu de ignorância". Essa ideia de véu de ignorância traz à baila a filosofia moral de Kant: ela nos força a escolher uma estrutura básica, usando critérios estritamente imparciais. Isso é, aproximadamente, o que se esperava que a fórmula da lei universal fizesse, mas o véu da ignorância o faz melhor. Você escolheria viver em uma sociedade sexista? É claro que não, já que não poderia ter certeza de que viria a ser um homem ou uma mulher. Você escolheria viver em uma sociedade em que houvesse a instituição da escravidão? É claro que não, pois você poderia ser um dos escravos. Esse é o processo básico de pensamento, embora Rawls o realize de maneira consideravelmente mais abstrata. Em vez de escolher determinadas instituições, o autor imagina que você escolheria princípios gerais que guiariam a configuração de determinadas instituições. O argumento é que, em uma posição original, detrás de um véu de ignorância, você não escolheria princípios gerais utilitaristas, mas princípios da justiça como equidade.

2.2 O TEXTO: UM GUIA RÁPIDO

Com esta visão geral em mente, vejamos o sumário de *Uma teoria da justiça*. O texto está dividido em três partes, cada uma contendo três capítulos. Esses capítulos, contudo, são bastante longos – têm 50 ou mais páginas. Se tentarmos ler o texto diretamente, perceberemos que os capítulos cobrem muitos tópicos, nem sempre conectados de maneira óbvia por um tema coerente. Isso em parte se deve, sem dúvida, pelo modo como o livro foi escrito. Em algum período, no meio da década de 1960, Rawls finalizou uma primeira versão de *Uma teoria da justiça*, que era muito menor do que a versão final. Durante muitos anos, esse manuscrito circulou entre alunos e colegas de Rawls, que, por sua vez, criticaram amplamente o texto. A época era de grandes revoltas políticas nos Estados Unidos e em outros países (conforme se observou no capítulo anterior). Reflexões sobre esses acontecimentos, juntamente com a crítica de seus leitores, levaram Rawls a naturalmente desenvolver suas ideias. Porém, como escrevia sem o auxílio de computadores, introduzir mudanças no texto não foi algo fácil. Com frequência, portanto, suas revisões tomaram a forma de um novo material, escrito separadamente. Esses acréscimos textuais receberam então um código alfabético (A, B, C etc.), que indicava onde deveriam ser inseridos no texto original. Obviamente, esse procedimento não se prestava à criação de um texto final enxuto... O resultado foi um livro muito longo, com capítulos extensos.

Felizmente, Rawls optou por dividir cada capítulo em parágrafos ou seções. Esses 87 parágrafos, numerados de maneira consecutiva, constituem-se, para a maior parte dos leitores, nas principais unidades de leitura do livro. Cada um deles tem de cinco a dez páginas e são, digamos, mais digeríveis, abordando um tema mais ou menos coerente. Não é necessário lê-los em ordem consecutiva – de fato, muitas pessoas não os leem consecutivamente. Por exemplo, um plano de leitura perfeitamente respeitável que divide o texto em 5 blocos de cerca de 50 páginas poderia ser o seguinte:

- §§ 1-9: estas seções apresentam o principal argumento de *Uma teoria da justiça*, e estabelecem um contraste entre justiça como equidade e utilitarismo.
- §§ 11-17, 68: estas seções descrevem em detalhe os dois princípios de justiça que constituem a teoria de Rawls para a justiça como equidade.
- §§ 20-26, 33, 29, 40: estas seções apresentam o argumento da posição original em favor da justiça como equidade e para além do utilitarismo.
- §§ 31, 34-37, 43, 47-48: estas seções discutem como a justiça como equidade pode ser implementada na configuração das mais importantes instituições sociais e políticas.

- § 44, 46, 18-19, 55-59, 87: finalmente, estas seções abordam os difíceis problemas da justiça entre diferentes gerações e a desobediência civil, juntamente com a conclusão de Rawls.

Este plano de leitura representa apenas cerca da metade do texto original; trata-se, também, de um plano de leitura obviamente centrado nos primeiros dois terços do livro. Isso não é por acaso. Em termos gerais, a última terça parte de *Uma teoria da justiça* tem como objeto o que Rawls chamou de "o problema da estabilidade", isto é, *grosso modo*, o problema de demonstrar como as pessoas que vivem em uma sociedade governada pelos princípios da justiça como equidade passariam a adotar e a apoiar tais princípios, em vez de rejeitá-los e de resistir a eles. No capítulo anterior, porém, observamos que, um tempo depois de publicar seu livro, em 1971, Rawls começou a reconsiderar muitas de suas concepções, especialmente naquilo que se relacionavam ao problema citado. Pelo fato de o próprio Rawls ter considerado as concepções apresentadas mais tarde em *Political liberalism* (1993) como uma superação do argumento da parte três de *Uma teoria da justiça*, é comum que não se dê tanta atenção a essa terceira parte quanto se dá às duas anteriores, com as quais Rawls continuou, em boa medida, a concordar.

Este Guia de Leitura, contudo, pretende ser abrangente. Por isso prosseguiremos no texto de maneira mais ou menos sequencial, oferecendo ao leitor pelo menos uma orientação para todas as partes do texto, embora nem sempre com atenção igual a todas as partes. Dessa forma, será mais fácil para o leitor encontrar seu caminho no texto, independentemente de seus interesses ou do plano de leitura.

NOTAS

1. Em Rawls (1955), essa é a interpretação mais plausível do utilitarismo.
2. Que não é perfeitamente equivalente, no entanto, será demonstrado a seguir (ver Seção 3.8).

3
A LEITURA DO TEXTO

3.1 UM ESBOÇO DA JUSTIÇA COMO EQUIDADE (§§ 1-3)

Nas três primeiras seções de *Uma teoria da justiça*, Rawls apresenta de maneira conveniente uma visão geral de sua concepção de justiça social. Nesse processo, ele introduz algumas das ideias fundamentais subjacentes a todo o seu modo de pensar sobre tais questões. Nossa compreensão do texto como um todo será então facilitada se prestarmos atenção a estas seções iniciais.

No § 1, Rawls apresenta duas assertivas marcantes. As instituições sociais, podemos pensar, podem ser consideradas melhores ou piores por uma série de razões: podem ser mais ou menos eficientes economicamente, por exemplo, ou podem refletir os valores tradicionais de uma comunidade em maior ou menor grau. Porém, Rawls afirma que:

> A justiça é a primeira virtude das instituições sociais, como a verdade é para os sistemas de pensamento. Uma teoria, independentemente de ser elegante ou econômica, deverá ser revista se não for verdadeira; da mesma forma, as leis e as instituições, independentemente de serem eficientes e bem organizadas, deverão ser reformuladas ou abolidas se forem injustas. (3; 3 Rev.)

No Capítulo 2, discutimos a instituição da escravidão. Suponha que a escravidão tenha sido uma maneira muito eficiente e econômica de alocar certas formas de mão de obra na sociedade. Rawls está dizendo aqui que isso não deve ser importante: a justiça é mais importante do que a eficiência econômica. Essa é a primeira assertiva do autor. Sua segunda assertiva é que toda "pessoa possui uma inviolabilidade fundada na justiça, que mesmo o bem-estar da sociedade como um todo não pode ignorar. Por essa razão, a justiça nega que a perda de liberdade de algumas pessoas se justifique se houver um bem maior compartilhado pelas outras" (3-4; 3 Rev.). A escravidão, novamente, oferece-nos uma boa ilustração: mesmo que a felicidade da sociedade como um todo aumentasse se uma pequena parte das pessoas que a compõem fosse escravizada, não seria justo fazê-lo. Ou suponha que a sociedade como um todo ficaria mais segura em relação ao terrorismo se simplesmente prendêssemos todos os terroristas em potencial sem direito a julgamento. Isso também não seria justo. Com frequência, expressamos esse pensamento dizendo que as pessoas devem pelo menos ter alguns direitos fundamentais ou inalienáveis.

É importante entender que Rawls não está professando que essas duas asserções iniciais constituam-se em argumentos. Embora elas expressem algo em que muitas pessoas acreditam, não são, por enquanto, mais do que intuições; mesmo que, em alguma medida, sejam verdadeiras, elas são provavelmente "expressas de modo demasiadamente forte", como diz o autor (4; 4 Rev.). Observaríamos, porém, que o utilitarismo – a teoria dominante da justiça social quando Rawls estava escrevendo o livro – enfrentaria dificuldades para dar conta de ambas as intuições. Rawls propõe que investiguemos se alguma outra teoria poderia, então, dar conta de ambas as assertivas de um modo convincente e sistemático. Se houver sucesso nessa empreitada, poderemos constatar que, contrariamente ao que sustenta o utilitarismo, essas intuições são, no geral, boas e válidas.

Para esse fim, Rawls passa a elaborar alguns fundamentos conceituais para uma teoria desse porte. Ele começa com a ideia da sociedade como um sistema de cooperação, o que discutimos antes no Capítulo 2. Esse é o pensamento de que se pode conceber a sociedade como um sistema complexo voltado à coordenação de atividades de um número grande de pessoas para o benefício mútuo delas. Em toda sociedade, há muitas maneiras de organizar essa coordenação de modo factível. Já que diferentes sistemas de cooperação beneficiarão diferentes membros da sociedade em maior ou menor grau, alguma espécie de princípio ou de conjunto de princípios é necessária para nos ajudar a escolher entre as alternativas. Entre esses princípios, diz Rawls, "estão os princípios da justiça social: eles oferecem um caminho para que designemos os direitos e deveres das instituições básicas da sociedade e definem a distribuição adequada dos benefícios e das obrigações da cooperação social" (4; 4 Rev.). Por exemplo, podemos comparar a configuração atual das instituições dos Estados Unidos com uma alternativa que seja a mesma em todos os aspectos, exceto no que diga respeito à inclusão de um sistema nacional de saúde. As duas diferentes configurações implicam responsabilidades e distribuem benefícios e obrigações de maneira também diferente. Qual deve ser a preferida? Os princípios de justiça social fornecem-nos uma resposta a essa questão.

Isso nos leva ao segundo fundamento conceitual de Rawls, que também discutimos no Capítulo 2: a ideia da estrutura básica da sociedade. A estrutura básica, lembre-se, é a configuração das instituições e práticas – legais, econômicas e culturais – que juntas constituem as condições de fundo em relação às quais os membros de uma sociedade vivem suas vidas de acordo com seus próprios desígnios. Embora a estrutura básica não determine totalmente como será a vida de uma pessoa – o esforço individual, a sorte e outros fatores, sem dúvida, também desempenham um papel –, é especialmente significativo que quaisquer que sejam os efeitos que uma estrutura básica tenha, serão efeitos pelos quais o indivíduo não pode ser plausivelmente considerado responsável. Nesse espírito, Rawls observa que:

> [...] as instituições da sociedade favorecem determinadas posições iniciais em detrimento de outras. Essas são desigualdades especialmente profundas. Não só estão em todo lugar, mas também afetam as chances iniciais dos homens na vida; não podem, porém, ser justificadas por um apelo às noções de mérito ou merecimento. (7;7 Rev.)

É perfeitamente natural acreditar que, se João trabalha mais do que Maria, ele mereça uma recompensa maior por seu esforço, sendo as demais coisas iguais. Isso acontece porque, na maior parte das vezes, queremos que as pessoas se responsabilizem pelas escolhas que fazem: se Maria optar por trabalhar menos, a recompensa recebida deve refletir tal opção. Mérito e merecimento não se aplicam, contudo, ao caso em que João recebe uma recompensa maior porque nasceu na nobreza e porque Maria nasceu em uma família de camponeses. Essas espécies de recompensa não se devem ao mérito ou ao merecimento de parte de João: são simplesmente um reflexo do fato de que sua sociedade tem uma espécie de estrutura básica e de que ele nasceu em uma posição favorável nessa estrutura básica.

Pode parecer que estamos repisando um tema óbvio, mas alguns leitores consideram que Rawls sustentava um argumento muito mais forte do que o que ele de fato pretendia. Alguns leitores, em especial, pensaram que Rawls estivesse dizendo que o modo como nossas vidas se desenrolam é *inteiramente* determinado pela estrutura básica de nossa sociedade e que, por isso, qualquer menção de mérito ou de merecimento individual não teria sentido. Nada pode estar mais distante da verdade, como veremos mais adiante. O que Rawls defendia era que a estrutura básica tem, sem dúvida, *alguma* influência, e que, qualquer que seja essa influência, ela está para além do escopo de nosso mérito ou merecimento individual. Já que a estrutura básica da sociedade afeta o futuro de nossa vida de um modo pelo qual não podemos ser considerados responsáveis, é bastante importante que entendamos corretamente essa estrutura. Instituições injustas como a escravidão e a desigualdade entre os sexos condenam milhões de pessoas a viver sua vidas de um modo significativamente pior do que merecem. Mas qual estrutura básica é a correta? Esse, conforme Rawls, é o objeto da justiça social.

O enfoque que Rawls dá à estrutura básica tem o efeito de diminuir o escopo do que está discutindo, sob vários aspectos. Um aspecto dessa diminuição ou estreitamento, que notamos no Capítulo 2, está em geral mais implícito do que explícito no texto. O utilitarismo é, às vezes, interpretado como uma filosofia moral abrangente, indicando não apenas quais estruturas básicas são as melhores, mas também quais linhas de conduta pessoal o são. O enfoque que Rawls dá à estrutura básica limita nosso assunto à questão da justiça social apenas.

Além disso, porém, Rawls explicitamente observa duas outras limitações de sua discussão, no § 2. Primeiramente, observa que há muitas instituições e práticas de maior ou menor escala do que aquelas que constituem a estrutura básica da sociedade. Por exemplo, as práticas dos clubes ou de outras associações privadas estão em uma escala menor, e as práticas das relações internacionais, em escala maior. Embora Rawls considere alguns desses temas brevemente em *Uma teoria da justiça* (e também mais detalhadamente em alguns textos posteriores), a principal linha de argumento coloca-os de lado, a fim de enfocar as grandes instituições e práticas de uma só sociedade "concebida, por enquanto, como um sistema fechado, isolado de outras sociedades" (8; 7 Rev.). Além disso, ele alerta que, qualquer que seja a melhor concepção de justiça de uma sociedade, ela pode não ser a melhor quando aplicada nesses contextos de maior ou menor escala.

A segunda limitação diz respeito à diferença entre o que ele chama de teorias da "observância estrita" e da "observância parcial" (8-9; 7-8 Rev.). As teorias da observância estrita tratam de como a estrutura básica da sociedade deveria designar os benefícios e as obrigações da cooperação, com base na hipótese de que todas as pessoas façam, ou mais ou menos, o que se espera que façam – por exemplo, ninguém se envolve em roubo, suborno etc. Obviamente, há um pouco disso em qualquer sociedade, e nós queremos que a distribuição de benefícios e de obrigações seja ajustada: quem comete crime deve ser punido, quem é vítima deve ser compensado etc. As teorias da observância parcial tratam dessas espécies *ex post* de ajuste. Rawls, porém, restringe seu enfoque às teorias da observância estrita, e isso levou muitos leitores a reclamar de que sua teoria é irreal. De um ponto de vista, isso é certamente verdadeiro, mas, não obstante, há outro sentido no qual as teorias da observância estrita devem ter certa prioridade lógica sobre as teorias da observância parcial. Para determinar se alguma propriedade foi roubada, digamos, é preciso que estabeleçamos quem é seu legítimo proprietário, isto é, quem teria a posse, presumindo-se, de antemão, que ninguém houvesse infringido as normas. Esse é precisamente o trabalho de uma teoria da observância estrita. Assim, tem perfeito sentido começar pela observância estrita, como Rawls o faz, e deixar o problema da observância parcial para outra ocasião.

Tendo estabelecido essas definições e restrições básicas, Rawls, no § 3, apresenta a "ideia principal" de sua teoria da justiça social, que ele chama de "justiça como equidade". A justiça como equidade

> [...] generaliza e leva a um grau mais alto de abstração a conhecida teoria do contrato social, como a encontramos, digamos, em Locke, Rousseau e Kant. Para fazermos isso, não devemos pensar no contrato original como se estivéssemos a entrar em uma determinada sociedade ou a estabelecer uma determinada forma de governo. Em vez disso, a ideia norteadora é a de que os princípios de justiça para a estrutura básica sejam o objeto do acordo original. Esses são os princípios que as pessoas livres e racionais interessadas em levar em frente seus próprios interesses aceitariam em uma posição inicial de igualdade como definidores dos termos fundamentais de sua associação. (11; 10 Rev.)

No Capítulo 2, discutimos como a justiça como equidade capta o espírito da visão tradicional do contrato social, ao mesmo tempo em que evita suas dificuldades.

Grosso modo, devemos imaginar um grupo de pessoas racionais situadas em uma "posição original" por trás de um "véu de ignorância". O véu de ignorância coloca esses indivíduos no mesmo pé de igualdade e garante que cada um deles chegará a julgamentos feitos de um ponto de vista apropriadamente imparcial. Depois, visamos a deduzir com quais "princípios de justiça para a estrutura básica" essas pessoas concordariam: estes são princípios gerais para avaliar o quanto as diferentes configurações das instituições e das práticas sociais podem ser consideradas justas ou injustas. Em outras palavras, se quisermos saber se a escravidão é justa ou injusta, devemos perguntar se ela estaria em conformidade com os princípios gerais de justiça social que as pessoas racionais, por trás de um véu de ignorância, teriam selecionado para a sociedade nas quais passariam a viver.

Rawls é muito cuidadoso ao insistir que a questão é hipotética – que a posição original é estritamente um experimento de pensamento. "Nenhuma sociedade pode ser, é claro, um esquema de cooperação em que os homens ingressem voluntariamente em sentido literal", admite Rawls; "toda pessoa se encontra já no momento do nascimento em uma determinada posição, em uma determinada sociedade". Essa foi uma das objeções à tradicional doutrina do contrato social. Mesmo uma sociedade que seja perfeitamente justa na concepção de Rawls não será *literalmente* voluntária para a maior parte das pessoas (podemos interpretar a hipótese anterior de Rawls sobre um sistema social "fechado" e "isolado" como uma ênfase desse ponto, já que os membros de uma sociedade fechada e isolada, por definição, não podem voluntariamente revogar sua condição de membro de tal sociedade), mas terá uma característica extremamente importante e valiosa que as outras sociedades não terão: em uma sociedade que é justa nos termos de Rawls, os cidadãos "podem dizer aos outros cidadãos que estão cooperando em termos sobre os quais concordariam se fossem pessoas livres e iguais cujas relações mútuas fossem justas". Assim, "uma sociedade que satisfaz os princípios da justiça como equidade chega o mais próximo possível que uma sociedade pode chegar de ser um esquema voluntário" (13; 12 Rev.) Essa passagem evoca claramente a famosa expressão do *Contrato Social* de Rousseau, segundo a qual, em uma sociedade voluntarista, apesar de "unir-se com todas" em um sistema compartilhado de leis e instituições, cada pessoa "obedece apenas a si mesma e permanece livre como antes" (1762: 148). Trata-se de uma ideia extremamente poderosa e instigante. Ao mesmo tempo, devemos admitir que há alguma ambiguidade aqui, de que Rawls nunca trata integralmente. Se o contrato social é meramente "um mecanismo expositivo", como Rawls diz mais tarde (21; 19 Rev.), que nós nunca literalmente temos a oportunidade de aceitar ou rejeitar, como pode nos transformar em cidadãos genuinamente livres e iguais? Essa é uma questão profunda e difícil, e é melhor deixá-la para outra ocasião.

Sobre o que esperaríamos que pessoas racionais, em uma posição original, por trás de um véu de ignorância, concordariam? O corpo central de *Uma teoria da justiça* tenta responder a essa questão complicada de modo excepcionalmente detalhado. Mas Rawls resume a essência de sua resposta no § 3. *Grosso modo*, ele argumenta que as pessoas racionais rejeitariam o utilitarismo se estivessem em uma posição original, por trás de um véu de ignorância. "Parece bem pouco provável", diz ele "que pessoas que se considerem iguais" (como o véu de ignorância as leva a fazer) "concordariam em apoiar um princípio que pudesse requerer uma perspectiva de vida menor para alguns, ao passo que outros gozariam de um conjunto maior de vantagens". Isso ocorre porque "um homem racional não aceitaria uma estrutura básica somente porque ela ampliasse a soma algébrica de vantagens independentemente dos efeitos permanentes sobre os seus próprios direitos e interesses" (14; 13 Rev.) É isso o que Rawls tentará demonstrar. Se as pessoas rejeitassem o utilitarismo na posição original, o que aceitariam em seu lugar? Rawls acredita que elas concordariam em dois princípios de justiça:

> [...] o primeiro requer igualdade na determinação dos direitos e deveres fundamentais; o segundo sustenta que as desigualdades econômicas [...] são justas apenas se resultam em compensação de benefícios para todos, especialmente para os membros menos favorecidos da sociedade. (14-15; 13 Rev.)

Esses são os famosos "dois princípios de justiça", que serão mencionados com maior frequência mais tarde. Por que preferir esses dois princípios ao utilitarismo? Novamente prenunciando o argumento bem mais detalhado que virá no Capítulo 3, Rawls sugere que os dois princípios capturam nossa noção que

> [...] pelo fato de o bem-estar de cada um de nós depender de um esquema de cooperação sem o qual ninguém poderia ter uma vida satisfatória, a divisão de vantagens deveria ser tal que suscitasse a cooperação bem disposta de todos que dele participassem, inclusive de quem nele não estivesse bem situado. (15; 13 Rev.)

Aqui retornamos claramente ao pensamento com o qual começamos, qual seja, o da ideia da sociedade como um sistema vasto e complexo de cooperação para o benefício mútuo. A fim de que todos cooperem de boa vontade, é necessário que os termos de cooperação sejam considerados como equânimes ou justos, de todos os lados e, de acordo com Rawls, os dois princípios de justiça como equidade descrevem as condições sob as quais isso ocorreria.

Questões para estudo

1. Em que medida somos responsáveis por nossas vidas serem boas, e em que medida as perspectivas de nossas vidas são influenciadas por fatores políticos e sociais que estão além de nosso controle pessoal?
2. A possibilidade de uma sociedade perfeitamente voluntarista – isto é, uma sociedade em que nós mesmos escolhemos os termos de nossa cooperação mútua – é um ideal atraente? Quais são suas limitações?

3.2 UTILITARISMO E INTUICIONISMO (§§ 5-8)

Tendo apresentado uma breve visão geral de seu argumento central em favor da justiça como equidade, Rawls procede no restante do Capítulo 1 ao exame mais detalhado dos principais rivais de sua teoria: Os §§ 5-6 voltam-se ao utilitarismo e os §§ 7-8 ao intuicionismo (discutiremos os §§ 4 e 9, que dizem respeito a algumas questões metodológicas, juntamente, no próximo subcapítulo). Dado o contexto histórico no qual Rawls escreveu, que discutimos no Capítulo 1, é perfeitamente compreensível que ele tenha selecionado com uma atenção especial esses dois rivais.

Rawls define o utilitarismo como a visão segundo a qual "a sociedade está corretamente ordenada e é, portanto, justa, quando suas instituições mais importantes estão arranjadas de modo a atingir o maior saldo líquido de satisfação, considerada a soma de todos os indivíduos que pertencem a ela" (22; 20 Rev.). Observe que essa definição restringe o escopo do utilitarismo à avaliação das grandes instituições da sociedade, isto é, à sua estrutura básica. Em outras palavras, o autor ao usar o termo "utilitarismo", remete à teoria utilitarista da justiça social especificamente, e não ao utilitarismo como filosofia moral abrangente. Rawls então oferece uma série de observações sobre o utilitarismo. Essas observações não pretendem ser objeções – pelo menos não até que tenhamos alguma alternativa plausível com o qual trabalhar; o ponto central dessas observações é antes destacar alguns pontos de contraste com a justiça como equidade que serão importantes mais tarde, depois que o argumento principal tenha avançado.

A primeira observação de Rawls está relacionada à estrutura interna do utilitarismo: trata-se, como ele diz, de uma teoria "teleológica". Teoria teleológica é qualquer teoria na qual "o bem é definido independentemente do correto, e em que o correto é definido como aquilo que amplia ao máximo o bem" (24; 21-22 Rev.). Para o utilitarismo, o bem relevante é a felicidade. Supõe-se, nesta perspectiva, que temos uma concepção independente do que seja para uma pessoa viver uma vida mais ou menos feliz (mais informações sobre isso a seguir), e que podemos, portanto, simplesmente definir algo como correto ou justo na medida em que tenda a ampliar ao máximo a felicidade. Pode haver, é claro, muitas outras teorias teleológicas. Um exemplo mencionado por Rawls é o perfeccionismo teleológico. As teorias perfeccionistas começam com uma concepção de bem como realização de alguma forma específica de excelência humana – digamos, uma espécie de conquista artística, ou uma vida vivida de acordo com a vontade de Deus, ou alguma outra coisa. Da mesma forma que acontece com o utilitarismo, o perfeccionista pode passar a julgar as coisas como melhores ou piores de acordo com o fato de tenderem a ampliar ao máximo a realização da espécie preferida de excelência. Na época em que Rawls estava escrevendo, as teorias perfeccionistas não eram em geral populares, e o autor as menciona principalmente pela necessidade de ser minucioso; desde então, contudo, tem havido alguma renovação no interesse pelo perfeccionismo e, por isso, é bom estar ciente dos esparsos comentários de Rawls sobre o tema.

Uma das coisas que é intrigante sobre as teorias teleológicas em geral – e sobre as teorias utilitaristas em particular – é que elas parecem incorporar certo tipo de racionalidade. Pensemos no modo como tomamos decisões que dizem respeito às nossas próprias vidas. Com frequência, deparamo-nos com opções que indicam ou uma pequena quantidade de felicidade imediata ou uma quantidade muito maior de felicidade no futuro (para manter as coisas em nível mais simples, suponhamos que a felicidade mais tardia seja maior, mesmo que suponhamos também ter levado em consideração a probabilidade de que morramos antes de experimentá-la e outros fatores a serem descontados). Quando enfrentamos tais opções, a maior parte de nós acredita que a coisa racional a fazer é optar pela maior (futura) felicidade, em vez de optar pela menor (imediata). Isso não equivale a dizer que de fato agimos sempre, ou mesmo frequentemente, com base nessa opção, mas que, quando optamos por gratificação imediata, consideramo-la irracional. Ao fazer essa espécie de julgamento, estamos efetivamente considerando nossa felicidade em cada um dos diferentes momentos de nossas vidas como mais ou menos equivalente. A racionalidade, assim, consiste em optar pelas escolhas que tenderão a ampliar ao máximo nossa soma total de felicidade, considerando a felicidade de cada período futuro (cada um de nossos "eus" futuros, por assim dizer) de modo perfeitamente equânime. Teorias teleológicas como o utilitarismo simplesmente estendem este raciocínio do ponto de vista individual para o ponto de vista social. Se a racionalidade individual consiste em somar a felicidade total em toda uma vida, contando-se a felicidade de cada momento de modo perfeitamente equânime, então se apresenta à razão o fato de que a racionalidade social deveria, de maneira similar, consistir na soma total da felicidade de toda uma sociedade, contando-se a felicidade de cada membro da sociedade de maneira perfeitamente equânime. "Os princípios de escolha para um conjunto de homens", nessa perspectiva, "são interpretados como uma extensão do princípio preferencial para um só homem. A justiça social é o princípio de prudência racional aplicado a uma concepção agregada do bem-estar do grupo" (24; 21 Rev.).

A segunda observação de Rawls em relação ao utilitarismo se relaciona à primeira, e é, com efeito, basicamente uma consequência dela. Todas as teorias estritamente teleológicas, observa ele, são indiferentes, em matéria de princípio, à distribuição. Em outras palavras, não importa, exceto indiretamente, como a felicidade está distribuída na sociedade, desde que a soma da felicidade total seja tão grande quanto possível. *Quem* é feliz não importa. Naturalmente, a distribuição de felicidade pode importar indiretamente – se, por exemplo, muitas pessoas sofrerem gravemente de inveja. Em tais casos, isto é, quando algumas pessoas são muito mais felizes do que as outras, poderá haver redução ainda maior da felicidade destas últimas. Em um ambiente cultural propenso à inveja, pode ser possível aumentar a soma total de felicidade reduzindo-se, simplesmente, as desigualdades na distribuição de felicidade. Em outros casos, o utilitarismo pode levar à política oposta. Suponhamos que houvesse um grupo especial de pessoas que desfrutassem de um prazer requintado e insaciável com o consumo de determinados bens. Já que esses "monstros da utilidade" (como são elogiosamente chamados na literatura filosófica) convertem consumo em felicidade de modo muito mais eficiente do que as demais pessoas, poderíamos constatar que dar a eles "a parte do leão", isto é, a melhor parte dos bens materiais da sociedade, ampliaria a soma total de felicidade experimentada.[1]

É verdade que todos os outros membros da sociedade seriam menos felizes com isso, mas, na visão utilitarista, "não há razão em princípio para que os ganhos maiores de alguns não compensem as perdas menores dos outros" (26; 23 Rev.). Isso pode parecer um cenário implausível, mas é menos implausível do que podemos imaginar. As pessoas frequentemente ajustam suas expectativas às circunstâncias. Em uma sociedade plutocrática, com alguns membros super-ricos, e a massa vivendo na pobreza, esta pode acostumar-se à sua condição e ser capaz de atingir um grau razoável de felicidade, apesar de sua modéstia, ao passo que aqueles se tornam super-hedonistas incrivelmente felizes: a soma total de felicidade não poderia então ser melhorada por uma distribuição mais igualitária dos bens materiais.

A teoria de Rawls, justiça como equidade, não será indiferente à distribuição feita desse modo e, por isso, não definirá a justiça social como a mera maximização de algum bem. Lembre-se de que as teorias teleológicas caracterizam o bem independentemente do correto e, depois, definem o correto como a maximização do bem. Na terminologia de Rawls, qualquer teoria que rejeite uma ou ambas as proposições é uma "teoria deontológica". A justiça como equidade, diz ele, é deontológica "da segunda forma", isto é, rejeita o princípio da maximização (30; 26 Rev.). Mais tarde, consideraremos o quanto isso se relaciona com a primeira proposição, que é uma questão mais complicada. Ao abandonar a estrutura teleológica em sua teoria, Rawls renuncia ao fácil argumento da racionalidade discutido anteriormente; o argumento de Rawls pela justiça como equidade necessariamente terá uma forma muito diferente.

Voltando-se agora à sua terceira observação em relação ao utilitarismo, Rawls alerta seus leitores sobre a intuição comum segundo a qual os indivíduos devem ter "uma inviolabilidade fundada na justiça ou, como alguns dizem, no direito natural, que mesmo o bem-estar de todos os demais não pode ignorar" (28; 24-256 Rev.). Assim, mesmo que a soma de felicidade total pudesse ser aumentada pela volta da escravidão, ou pela prisão de potenciais terroristas sem direito a julgamento, não deveríamos fazê-lo porque tal atitude violaria direitos individuais fundamentais. Pois bem, embora seja difícil para o utilitarismo dar conta dessas intuições, como antes observamos, isso não é totalmente impossível:

> Embora o utilitarista reconheça que, em termos estritos, sua doutrina esteja em conflito com tais sentimentos de justiça, ele sustenta também que preceitos de justiça advindos do senso comum e noções de direito natural têm uma validade subordinada como regras secundárias, que surgem do fato de que, sob as condições da sociedade civilizada, há grande utilidade social em obedecer a boa parte desses preceitos e em permitir violações somente sob circunstâncias excepcionais. Mesmo o zelo excessivo com o qual nos dispomos a afirmar tais preceitos e a apelar a esses direitos tem certa utilidade, já que ele contrabalança uma tendência natural dos homens de violá-los de maneira não sancionada pela utilidade. (28; 25 Rev.)

Em outras palavras, podemos muito bem imaginar que prender as pessoas sem direito a julgamento *normalmente* reduz a soma total de felicidade. Assim, introduzimos uma regra básica, que simplesmente declara que todas as pessoas têm direito a um julgamento justo. Obedecer a essa simples regra é muito mais fácil do que fazer todos os cálculos a cada novo caso, e o esforço assim poupado provavelmente mais do que compensará os poucos casos em que a regra possa de fato não nos orientar adequadamente. Com efeito, convencer a nós mesmos de que a regra é *inviolável*, mesmo que isso não seja estritamente verdadeiro, ajuda-nos a aderir a ela em momentos de paixão ou entusiasmo temporários. Esse argumento utilitarista pelos direitos pode ser considerado mais ou menos acertado, exceto por uma peculiaridade, a saber, a de que dá conta dos direitos apenas indiretamente, como "uma ilusão socialmente útil" (28; 25 Rev.). Isso nos apresenta outro ponto de contraste para com a justiça como equidade, a qual objetivará dar conta dos direitos diretamente, e não meramente como uma ficção útil.

A observação final de Rawls diz respeito à concepção de felicidade no qual o utilitarismo se baseia. Essa é uma questão que até aqui evitamos, mas ela foi de fato central nos debates sobre a tradição utilitarista e na própria tradição utilitarista. O utilitarismo nos leva a ampliar ao máximo a soma total de felicidade, mas o que é considerado felicidade? Em termos amplos, havia três perspectivas diferentes. Na primeira, dizemos que o nível de felicidade de uma pessoa é igual ao saldo líquido entre suas experiências prazerosas, ajustadas em termos de intensidade e duração, e suas experiências dolorosas ou penosas, igualmente ajustadas. Prazer e dor são aqui tomados como fenômenos naturais que, suponhamos, não podemos medir por meio da conexão de diodos às áreas corretas do cérebro. Nessa perspectiva hedonista, frequentemente associada a Jeremy Bentham, o utilitarismo nos instrui a ampliar ao máximo os estados que causam prazer ao cérebro e a diminuir aqueles que causam dor. A objeção ao utilitarismo hedonista é que ele sugere que nós devemos preferir uma vida sedentária na qual receberíamos morfina como soro a uma vida ativa, muito mais rica em termos de experiência, com os seus conhecidos altos e baixos. A fim de dar conta dessa objeção, J. S. Mill propôs uma versão daquilo que poderia ser chamado de "utilitarismo perfeccionista", de acordo com o qual haveria uma medida independente da *qualidade* de prazeres e dores variados como algo objetivamente melhor ou pior, independentemente de sua *quantidade*. Assim, poderíamos argumentar que o simples prazer de ler um só poema curto de Byron é algo objetivamente superior aos prazeres somados de tomar muitas cervejas geladas durante um verão longo e quente.

As várias dificuldades desse debate são complexas, e não precisamos nos preocupar com elas aqui. Isso porque, quando Rawls estava escrevendo, ambas as perspectivas haviam sido abandonadas em favor de uma terceira, que podemos chamar de "utilitarismo de preferência". De acordo com ela, simplesmente definimos felicidade como a satisfação das preferências ou desejos, qualquer que seja o conteúdo dessas preferências ou desejos. Assim, dizemos que Maria é tanto mais feliz quanto mais de suas preferências são atendidas ou satisfeitas, e menos feliz quando poucas de suas preferências o são. Observe que não importa, nesta perspectiva, se a satisfação de uma preferência realmente gera um estado de prazer no cérebro ou não; tudo o que importa é se a preferência de Maria foi atendida. Essa satisfação das preferências como medida da felicidade corresponde à versão padrão da teoria da utilidade empregada na economia moderna e na teoria dos jogos, e ela se tornou a escola dominante de pensamento utilitarista também. Rawls refere-se a ela como "o princípio da utilidade em sua forma clássica" (25; 22 Rev.), e ele o atribui a Bentham (talvez imprecisamente) e a outro utilitarista posterior, Henry Sidgwick, entre outros.

A relevância de tudo isso para nossa discussão é que na perspectiva do utilitarismo de preferência, devemos permanecer rigorosamente agnósticos em relação ao conteúdo dos desejos de uma pessoa. "Assim, se os homens tiverem algum prazer em discriminar os outros, em sujeitar os outros a menos liberdade, como meio de ampliar seu amor-próprio, a satisfação desses desejos deve pesar em nossas deliberações [...] juntamente com outros desejos" (30-31; 27 Rev.). Dessa forma, quando visamos a ampliar ao máximo a soma total de felicidade, devemos computar também a infelicidade que os racistas experimentam quando não podem discriminar as minorias raciais. É claro que esperamos que essa infelicidade seja suplantada pela felicidade que os outros experimentam por não serem discriminados, mas isso é algo que não se pode garantir sempre. Se houver racistas em número suficiente em uma dada sociedade, pode ocorrer que o utilitarismo permita a discriminação. O ponto central aqui é que nossos direitos, em uma acepção utilitarista, serão sensíveis ao, por assim dizer, contingente perfil de preferência da sociedade na qual vivamos. Este será novamente um ponto de contraste para com a justiça como equidade, já que, como veremos, ela fixa certos direitos fundamentais de maneira definitiva, independentemente das preferências prevalentes na sociedade em qualquer momento dado.

Para reiterar, embora tais comentários possam parecer objeções ao utilitarismo, são apenas observações neste estágio. Se não houvesse uma alternativa impositiva, não seriam em si mesmas suficientes para derrubar a teoria utilitarista da justiça social. Cada uma dessas observações, porém, figurará em discussões posteriores.

Rawls dedica os §§ 7-8 ao intuicionismo. Como vimos na introdução, o intuicionismo foi por algum tempo a única alternativa disponível ao utilitarismo. Rawls caracteriza as teorias intuicionistas como teorias que possuem duas características. Primeiramente, "elas consistem em uma pluralidade de primeiros princípios que podem estar em conflito e dar diretivas contraditórias em determinados tipos de casos" (34; 30 Rev.). Esses primeiros princípios podem incluir preceitos básicos, tais como fidelidade, benevolência, equidade, entre outros, e nós, em tese, somos capazes de compreendê-los diretamente por meio do exercício de nosso julgamento moral intuitivo baseado no senso comum. Assim, por exemplo, nossa noção de que Maria deveria pagar o empréstimo que fez com João, apesar da inconveniência subsequente de fazê-lo, sugere que a fidelidade ou lealdade é um princípio moral básico. A segunda principal característica das teorias intuicionistas é que "elas não trazem método explícito algum, nem regras prioritárias, para ponderar tais princípios mutuamente: devemos buscar o equilíbrio apenas por meio da intuição, por meio daquilo que nos pareça mais próximo do correto" (ibid.). Aqui, podemos imaginar a situação hipotética em que Maria, ao pagar o que deve a João, não poderá pagar a consulta do filho ao médico. Qual deveria ser a prioridade, sua lealdade ao amigo ou sua obrigação de cuidar do filho? É claro que podemos ter outras intuições aqui também, mas não há um sistema geral sobre a teoria intuicionista para classificar ou pesar os princípios morais básicos. Com efeito, os intuicionistas frequentemente argumentavam que não existe tal sistema, que "a complexidade dos fatos morais resiste a nosso esforço de compreender a organização ou ordem de nossos juízos" (39; 35 Rev.). Ambas as características do intuicionismo apresentam obstáculos à teoria e, em parte, explicam seu fracasso em substituir o utilitarismo como tradição dominante na filosofia moral e política.

Já discutimos como a segunda característica citada anteriormente gerou o que Rawls chamou de "problema de prioridade". Esse problema é especialmente premente, alerta o autor, quando se trata de teorias de justiça social. Entre os papéis mais importantes de uma teoria da justiça social está o papel que ela tem na resolução de disputas relativas à organização da estrutura básica da sociedade. Quando os princípios morais básicos eram conflitantes, o intuicionismo fazia com que caíssemos de novo em nossas intuições para que determinássemos a classificação ou ordenamento relativo, ou o peso relativo, de tais princípios. Porém, muitos conflitos políticos surgem precisamente porque as intuições das pessoas divergem mais fortemente quando se trata de tal classificação/ordenamento. A maioria dos norte-americanos, por exemplo, valoriza tanto a igualdade quanto a liberdade em alguma medida, mas discorda enfaticamente sobre qual das duas seria mais importante ou fundamental. O intuicionismo não nos oferece orientação em tais casos. O utilitarismo resolve o problema da prioridade prontamente, reduzindo todos os problemas de justiça social a uma só espécie de mensuração – a ampliação ao máximo da soma total de felicidade. A justiça como equidade resolverá o problema da prioridade de modo diferente: embora admita uma pluralidade de princípios básicos, ela inclui na descrição destes um conjunto de regras prioritárias para resolver conflitos entre eles.

A primeira característica do intuicionismo, porém, é também um problema sério, como discutiremos mais adiante no próximo subcapítulo.

Questões para estudo

1. Devemos ser indiferentes à distribuição de felicidade na sociedade? Importa que algumas pessoas sejam infelizes, ainda que não por sua própria culpa, se a infelicidade delas contribuir para que a soma total de felicidade da sociedade seja muito maior?
2. Há algo errado em considerar nossos invioláveis direitos fundamentais como uma mera ilusão socialmente útil?

3.3 O EQUILÍBRIO REFLEXIVO E O MÉTODO (§§ 4, 9)

O intuicionismo caracteristicamente nos instrui a descobrir fatos morais básicos por meio do exercício das intuições de nosso senso comum que se refiram a problemas morais. Há, contudo, uma objeção óbvia a esse procedimento. De onde vêm nossas intuições? Conforme aponta Rawls, "nossas ideias cotidianas de justiça não são só influenciadas por nossa própria situação; são também fortemente matizadas pelos costumes e pelas expectativas correntes". Assim, podemos, razoavelmente, querer saber: "por quais critérios devemos julgar a justiça dos próprios costumes e a legitimidade dessas expectativas" (35-36; 31 Rev.)? Como saber se nossos juízos intuitivos não foram obscurecidos por uma educação/formação limitada?

Essa é uma questão profunda na filosofia moral e política, e Rawls não a toma como um dos principais objetivos a serem respondidos integralmente em *Uma teoria da justiça*. Contudo, em maior ou menor grau, apresenta uma espécie de resposta provisória. Que a sua resposta seja apenas provisória não deve ser algo visto como objeção à sua obra como um todo: todo argumento, não importando o quanto esteja bem construído, deve começar em algum ponto, e Rawls é, pelo menos, explícito sobre esse fato. Além disso, sua resposta provisória é, no todo, bastante sensata, e não se sabe se alguém tem resposta melhor a dar. As passagens relevantes podem ser, em sua maioria, encontradas no § 4 e no § 9, juntamente com algumas observações dispersas no restante do primeiro capítulo de seu livro; reunirei essas observações aqui, a fim de facilitar uma apreciação da estratégia geral do autor.

Com frequência, como dissemos, as pessoas têm intuições que diferem entre si quando o tema são os problemas morais e políticos, e mesmo quando elas compartilham intuições similares não podemos ter certeza de que isso não seja meramente o produto de terem passado por circunstâncias ou experiências de vida também similares. Muitas pessoas, historicamente, têm, por exemplo, a forte intuição de que as mulheres são inferiores aos homens, mas isso não demonstra a validade dos juízos baseados em tais intuições. Como podemos ter certeza de que nossas intuições atuais não são o produto de fontes similarmente falhas? Podemos mesmo ter certeza de que nossas intuições morais são confiáveis? Em certo nível, não. Mas podemos nos esforçar por trabalhar esse problema o melhor possível, e é isso que Rawls se propõe a fazer, em dois diferentes níveis.

Nossa primeira estratégia para trabalhar o problema da inconfiabilidade é reduzir tanto quanto possível nossa dependência das meras (ou puras) intuições morais. O utilitarismo oferece-nos um exemplo claro dessa estratégia. Apenas três intuições são necessárias em tal teoria: a primeira é a de que a felicidade dos indivíduos é o que em última análise importa; a segunda, que um somatório maior de felicidade total é sempre melhor do que um menor; e a terceira, que a felicidade de cada indivíduo deve ser contada do mesmo modo nessa soma. O utilitarismo então, a seguir, dispensa todas as outras intuições morais que possamos vir a ter. Para qualquer questão possível, podemos, em princípio, determinar objetivamente a resposta correta sem consultar nossas intuições: basta calcular qual das várias opções tenderá a gerar a maior soma total de felicidade, contando a felicidade de cada pessoa do mesmo modo. Quando o resultado desse cálculo (presumindo que tenha sido feito corretamente) estiver em conflito com nossas intuições morais em um dado caso, temos a demonstração de que tais intuições morais devem ser falsas – talvez elas sejam o vestígio de algum preconceito ou superstição – e que deveriam ser, por isso, dispensadas.

A justiça como equidade também busca empregar essa primeira estratégia, mas de um modo muito diferente e mais complexo, por meio do dispositivo da posição original. Lembre-se de que a ideia essencial da justiça como equidade é a de que a estrutura básica da sociedade pode ser considerada justa somente na medida em que se conforma àqueles princípios com os quais as pessoas racionais concordariam em uma posição original, por trás de um véu de ignorância. Poderíamos, então, perguntar: com base em que as pessoas nessa posição original devem fazer suas opções? Em grande parte, a predisposição a usar o procedimento de Rawls está no fato de ele parecer ser capaz de derivar conclusões morais a partir de premissas não morais. A perspicácia do procedimento daquele juiz sábio, ao dividir o rebanho, estava precisamente em depender apenas do interesse próprio e racional dos dois irmãos para gerar um resultado equânime, justo (ver Capítulo 2). Analogamente, podemos excluir as considerações morais da posição original e depender do interesse próprio das partes envolvidas (sob um véu de ignorância) para gerar um resultado justo. Esse procedimento tem o efeito desejado de reduzir drasticamente nossa dependência de meras intuições morais. Quando se trata de alguma instituição ou prática social, por exemplo, não precisamos consultar nossas puras intuições morais para determinar seu caráter de justiça ou de injustiça. Em vez disso, podemos perguntar se "a partir do ponto de vista de alguém interessado, seria racional preferir esta ou aquela conformação da estrutura básica", na posição original, por trás de um véu de ignorância. É claro que esse procedimento nem sempre será simples, mas, em princípio, por meio dele, "teremos feito uma questão muito mais delimitada e substituído um juízo ético por um juízo de prudência racional" (44, 39 Rev.). Da mesma forma que ocorre com o utilitarismo, as conclusões derivadas dessa maneira podem frequentemente entrar em conflito com nossas puras intuições morais prévias. Esse fato deve nos conduzir a questionar a procedência de tais intuições, que podem ter sua origem no mero preconceito ou no costume. Suponhamos que haja a intuição de que as mulheres são inferiores aos homens. Por trás de um véu de ignorância, porém, sem saber se seremos um homem ou uma mulher, seria irracional optar por princípios de discriminação sexual. Isso demonstra que nossa primeira intuição pode ser um preconceito que não se justifica.

Rawls estava provavelmente pensando nesses termos quando observou em uma passagem bastante caluniada de seu livro que uma "teoria da justiça é uma parte [...] da teoria da escolha racional" (16; 15 Rev.). O autor viu-se compelido a retratar-se dessa declaração em escritos posteriores, esclarecendo que deveria ter dito que a teoria de escolha racional é um dispositivo empregado em uma teoria da justiça (Rawls 2001: 82, n. 2). Não obstante, é inegável que seu método em *Uma teoria da justiça* contém uma forte dependência da ideia de interesse próprio racional. A fim de não cometermos equívocos, contudo, devemos ter cuidado em entender o interesse próprio racional em sentido especialmente amplo. Considere, por exemplo, duas pessoas que estejam negociando uma simples transação comercial. Pode parecer que o interesse próprio de cada um imponha que o objetivo seja extrair do outro tantas concessões quanto possível. Porém, ambas as partes devem também levar em conta a possibilidade de que o contrato possa, em última análise, fracassar; assim, não seria benéfico, para a parte mais forte, obter tantas concessões da mais fraca a ponto de esta não ter futuramente dinheiro para cumprir o contrato. Os negociadores completamente racionais, presumivelmente, levariam tais considerações em conta. A expectativa de Rawls é que pessoas completamente racionais em uma posição original, por trás de um véu de ignorância, da mesma forma fariam considerações mais amplas, de longo prazo: quando pensassem sobre quais princípios de justiça deveriam adotar na posição original, as partes não levariam em consideração apenas os seus interesses mais imediatos e limitados.

Quais são então essas considerações relevantes e mais amplas? Rawls as discutiu bem no início de seu livro. Na maior parte, elas derivam das várias funções a que uma concepção de justiça social deve, supostamente, servir. Provavelmente, sua função mais importante é resolver disputas relativas à organização da estrutura básica de uma sociedade. Rawls expressa esse pensamento ao dizer que uma concepção de justiça social deveria ser "pública", com o que ele quer dizer que "todos aceitem e saibam que os outros aceitam os mesmos princípios de justiça" (5; 4 Rev.). Se a concepção não fosse pública, seja porque nem todos a aceitam ou porque seus princípios foram de alguma forma ocultados, seria difícil compreender como ela poderia servir como base para resolver disputas políticas reais. Rawls define uma sociedade como "bem ordenada" quando sua estrutura básica, em maior ou menor medida, se conforma aos princípios de alguma concepção de justiça, e quando essa concepção de justiça é pública, conforme a definição (4-5; 4-5 Rev.). Partes negociadoras prudentes, na posição original, certamente quererão que sua sociedade seja bem ordenada nesse sentido.

Embora a publicidade talvez seja a mais importante consideração a fazer quando se está escolhendo uma entre outras concepções, Rawls admite várias outras, que, novamente, derivam em sua maior parte das funções a que tais concepções deveriam servir (6; 5-6 Rev.). Primeiramente, a estrutura básica ditada por uma concepção de justiça social deve, na verdade, em alguma medida, ter sucesso em coordenar os planos e as atividades dos vários membros da sociedade. Isso, em geral, acarreta o estabelecimento de várias expectativas confiáveis, de forma que as pessoas comuns possam planejar suas vidas. Em segundo lugar, a estrutura básica deveria em alguma medida ser eficiente na consecução dos fins sociais desejados. Com isso, Rawls presumivelmente quer dizer que se os membros da sociedade desejam algum resultado, tal como um nível robusto de crescimento econômico, a estrutura básica deveria tornar possível concretizar esse resultado de maneira tão fácil quanto possível – desde que, é claro, de maneira coerente com a justiça social. Finalmente, a estrutura básica ditada por essa concepção deveria ser estável no sentido de que, uma vez estabelecida e em andamento, tendesse a gerar a sua própria sustentação. As pessoas que nasceram e foram criadas sob esses auspícios devem constatar que gostariam que a concepção tivesse continuidade, e não resistir a ela ou solapá-la.

O procedimento da posição original ajuda muito o processo de reflexão moral, reduzindo nossa dependência de intuições morais puras e não confiáveis. Mas, é claro, como reconhece Rawls, não podemos eliminar tal dependência inteiramente: "qualquer concepção de justiça terá de depender da intuição em algum grau" (41; 36 Rev.). Isso pode ser visto mais claramente quando fazemos a seguinte questão: se quisermos alegar que os princípios corretos de justiça social são aqueles com que as pessoas completamente racionais concordariam em uma posição original, como podemos ter certeza de que a posição original foi caracterizada corretamente por nós? Essa questão é importante porque parâmetros diferentes tenderão a gerar resultados diferentes. Se permitirmos aos participantes do procedimento conhecer seu gênero, por exemplo, eles poderão concordar com princípios de justiça social diferentes daqueles com os quais concordariam se não permitíssemos esse conhecimento. Devemos, então, refletir sobre o que seriam as condições *justas* de negociação. Diferentemente do raciocínio empregado pelos próprios participantes a partir da posição original, nosso raciocínio sobre a forma apropriada da posição original necessariamente envolverá uma confiança em pelo menos umas poucas intuições morais. Devemos então voltar ao intuicionismo no final das contas?

Rawls oferece uma resposta a essa pergunta no § 9. Lembre-se de que uma dificuldade de depender muito de nossas intuições morais puras é que não podemos ter certeza de que elas derivam de fontes confiáveis: elas podem ser simplesmente o produto de preconceitos ou de outras tendenciosidades. Nossa primeira estratégia para responder a essa incerteza foi reduzir nossa dependência, minimizando o papel que as intuições morais puras desempenham na construção de nossa teoria. O procedimento da posição original visa a fazer isso, substituindo os juízos morais por juízos prudentes sempre que possível. Mas essa estratégia não funciona de modo abrangente, pois o próprio desenho do procedimento da posição original deve refletir certos juízos morais relativos à sua equidade. Aqui Rawls introduz uma segunda estratégia – que ele chama de método do "equilíbrio reflexivo" (48-49; 42-43 Rev.). Suponhamos que comecemos com uma série de intuições morais sobre vários tópicos, em vários níveis de detalhamento e abstração. Não precisamos parar aqui, como faz o intuicionista. Algumas dessas intuições são propensas a ser mais fortes ou mais profundas do que outras. Rawls chama tais juízos de "juízos ponderados", isto é, "aqueles nos quais nossas capacidades morais mais provavelmente se mostram sem distorção" (47; 42 Rev.). Suponhamos que tenhamos selecionado alguns poucos desses juízos mais ponderados e tenhamos tentado criar uma teoria – uma teoria da justiça social – que os explicasse de maneira razoavelmente sistemática. A não ser que acertemos de primeira, o que é improvável, nossa teoria provisória terá todo tipo de consequências, que entrarão em conflito com outras intuições morais que também temos. Depois, examinamos um desses conflitos e elaboramos um juízo relativo ao fato de devermos ou não ajustar a teoria se a intuição ainda parecer impositiva, ou abandonar a intuição se os ajustes requeridos parecerem demasiadamente custosos para a teoria como um todo. Procedendo assim com todas as nossas intuições morais relevantes, chegaremos, ao final, a uma teoria com a qual nos sentiremos felizes, isto é, uma teoria internamente coerente que se coaduna bem com todas as intuições que decidimos manter depois de reflexão cuidadosa. Esse é o equilíbrio reflexivo: o estado "a que se chega depois de se ter sopesado várias concepções que foram propostas" e então "ter, ou revisto seus juízos para que concordassem com uma delas, ou aderido a suas convicções iniciais (e à concepção correspondente)" (48; 43 Rev.).

No § 4, Rawls basicamente demonstra como o método do equilíbrio reflexivo seria aplicado ao problema de determinar os parâmetros apropriados para a posição original (embora, é claro, pelo fato de essa demonstração ocorrer anteriormente no texto, o método subjacente está em grande parte implícito). "Ao buscar a melhor descrição" da posição original, escreve o autor, "trabalhamos a partir de ambos os fins" (20; 18 Rev.). O que ele quer dizer com isso é que começamos com dois conjuntos de intuições. O primeiro são as intuições sobre que tipo de procedimento decisório seria justo. Uma intuição pode ser a de que "as partes na posição original são iguais", no sentido de que elas "todas têm os mesmos direitos no procedimento para escolher princípios; que cada uma possa fazer propostas, apresentar razões para sua aceitação etc." (19; 17 Rev.). Outra seria a de que "ninguém deveria estar em posição vantajosa ou desvantajosa, por causa do destino natural ou de circunstâncias sociais, na escolha dos princípios" (18; 16 Rev.). Seria, assim, injusto se os ricos e poderosos pudessem manipular o processo de decisão de modo a gerar princípios que ampliariam ainda mais sua posição já vantajosa. Além de intuições como essas, Rawls também imagina que tenhamos outra série de intuições sobre a natureza da justiça social. Já nos deparamos com algumas delas: por exemplo, nossa intuição de que a justiça é mais importante do que a eficiência, e que as pessoas devem ter pelo menos alguns direitos invioláveis. Em um espírito similar, Rawls acrescenta aqui a intuição intimamente relacionada de que "a intolerância religiosa e a discriminação racial são injustas" (19; 17 Rev.). Seguindo o método do equilíbrio reflexivo, devemos a seguir elaborar uma posição original que reflita nossa primeira série de intuições, determinar que tipos de princípios de justiça social ela geraria e observar se essas intuições entrariam em conflito com nossa segunda série de intuições. Presumindo que haverá tais conflitos, devemos então ajustar a elaboração da posição original, modificar nossas intuições sobre justiça social, ou fazer ambas as coisas, até que a teoria como um todo chegue a um equilíbrio reflexivo.

Rawls de fato não narra esse processo para nós, é claro. Temos de imaginar que o método do equilíbrio reflexivo já foi empregado, e que o que temos em *Uma teoria da justiça* é um relato detalhado de seus resultados. Assim, a teoria específica que o autor nos apresenta pretende representar a visão que melhor se coaduna com todas as intuições que nós, depois de exame cuidadoso, decidirmos manter (algumas outras intuições, ele admite, bem adiante, em § 47-48, teremos de revisar ou dispensar). Temos certamente a liberdade de discutir os resultados de Rawls, mas então fica conosco o ônus de demonstrar que outra teoria poderia melhor dar conta de nossos juízos ponderados concernentes à justiça. Não é suficiente que discordemos desse ou daquele ponto, ou que sintamos que esta ou aquela conclusão é forçada. Rawls admite livremente que "todas as teorias", incluindo a sua própria, "são presumivelmente equivocadas em algum ponto. A questão, em qualquer dado momento, é qual das perspectivas já propostas é a melhor aproximação como um todo" (52; 45 Rev.).

Questões para estudo

1. Uma teoria de justiça social deve ser pública, a fim de realizar sua função própria na sociedade? Seria irracional que as pessoas concordassem sobre uma teoria esotérica que poucos conhecessem e entendessem?
2. É possível dispensar as intuições na filosofia moral e política? Se não for possível, o método do equilíbrio reflexivo dá conta, com sucesso, do problema?

3.4 OS DOIS PRINCÍPIOS DE JUSTIÇA (§§ 10-14)

Revisemos brevemente o que concluímos no final do primeiro capítulo. A teoria dominante da justiça social foi por muito tempo o utilitarismo. De acordo com essa teoria, sociedade justa é aquela em que a estrutura básica é configurada de modo a ampliar ao máximo o somatório de felicidade total, considerando a felicidade de cada pessoa da mesma maneira. Rawls quer propor uma teoria alternativa, que ele chama de justiça como equidade. Em termos amplos, o autor tem duas tarefas diante de si. A primeira é explicar mais detalhadamente o que significa realmente justiça como equidade. Pelo fato de se tratar de uma teoria muito mais complicada que o utilitarismo, isso não será fácil. A segunda tarefa é demonstrar que a justiça como equidade é superior ao utilitarismo. Para Rawls, isso se resume a demonstrar que as pessoas racionais em uma posição original, por trás de um véu de ignorância, escolheriam a justiça como equidade e não o utilitarismo. Essas duas tarefas correspondem, aproximada e respectivamente, aos tópicos do segundo e terceiro capítulos de *Uma teoria da justiça*. Como sempre, é útil ter-se essa visão geral em mente, a fim de não se perder em detalhes.

O segundo capítulo de *Uma teoria da justiça* começa com uma revisão e uma elaboração de alguns pontos que já discutimos. No § 10, Rawls reafirma a observação de que o objeto da justiça social é a estrutura básica da sociedade, e que a estrutura básica da sociedade é a configuração das instituições sociais e práticas mais importantes que juntas constituem o pano de fundo ou moldura na qual as pessoas vivem suas vidas. Rawls observa que toda sociedade tem uma estrutura básica, e que sempre podemos imaginar alguma teoria da justiça social de acordo com a qual essa determinada estrutura básica passe a ser a melhor. Poderemos então dizer que a mera "justiça formal" consiste na "administração imparcial e coerente de leis e instituições", de acordo com aquela teoria de sustentação relevante. Podemos, então, imaginar uma "sociedade de escravos ou de castas" que seja justa no sentido formal quando as instituições são "administradas igual e coerentemente" de acordo com seus próprios princípios peculiares (58-59; 51 Rev.). Claramente, essa não é a espécie de justiça em que estamos interessados. Aquilo com o que devemos nos preocupar em primeiro lugar é a justiça *substantiva*, e não com a justiça meramente formal. A teoria da justiça como equidade e o utilitarismo são, ambas, teorias substantivas.

Depois dessas observações introdutórias, Rawls mergulha no cerne da questão: Os §§ 11-12-13-14 expõem os dois princípios que constituem a justiça como equidade, e explicam detalhadamente como esses princípios devem ser interpretados. Essas passagens estão entre as mais importantes e difíceis de todo o livro, e demandam uma leitura muito cuidadosa.

3.4.1 Formulação preliminar dos dois princípios

Por razões que serão explicadas brevemente, a justiça como equidade é formulada de modo um pouco diferente nas duas edições de *Uma teoria da justiça*. Comecemos com a versão que aparece na edição original:

> Primeiro princípio: toda pessoa deve ter direito igual à mais ampla liberdade básica compatível com uma liberdade similar para os outros.
> Segundo princípio: as desigualdades sociais e econômicas devem ser dispostas de modo que (a) se espere, razoavelmente, que o sejam para o benefício de todos e (b) estejam vinculadas a profissões e a cargos abertos a todos.

Lembre-se de que esses princípios pretendem orientar a elaboração das instituições e práticas sociais mais importantes, que constituem a estrutura básica da sociedade. A primeira coisa que devemos observar aqui é que, enquanto o utilitarismo depende de um único princípio, a justiça como equidade emprega dois. Decorre daí que, se a justiça como equidade quiser evitar o problema da prioridade que perturba o intuicionismo, esses dois princípios devem ser, de alguma forma, integrados. De acordo com isso, Rawls os dispõe "em uma ordem serial, com o primeiro princípio antecedendo o segundo" (61; 53 Rev.). Em outro ponto do texto, ele descreve essa ordenação como "lexical" (42; 37 Rev.). A ideia de ordenamento lexical é conhecida do método de organização alfabética das palavras: começamos a ordená-las pela primeira letra, depois, entre as que começam por "a", ordenamos pela segunda letra, e assim sucessivamente. Nesse contexto, o ordenamento serial ou lexical dos dois princípios indica que devemos sempre satisfazer o primeiro princípio antes de passarmos ao segundo, o que está ilustrado na Figura 3.1. Imagine que os números de cada célula aqui representem unidades de liberdades básicas, seguidos de unidades de outros bens sociais e econômicos. Sob a estrutura básica I, vemos que todos os cidadãos têm tanto direitos iguais quanto partes iguais de bens. A estrutura básica II ampliaria as partes de bens de ambos os grupos, mas, ao mesmo tempo, reduziria um pouco as liberdades básicas gozadas pelos membros do Grupo A. Embora essa alternativa tenha um resultado melhor no segundo princípio, ela é excluída pelo primeiro, e não é, portanto, aceitável de acordo com a justiça como equidade. Essa característica da justiça como equidade pretende captar nossa intuição de que os indivíduos devem ter alguns direitos fundamentais invioláveis que não podem ser ignorados, mesmo que seja para o benefício material da sociedade como um todo. Em contraste com a estrutura básica II, a estrutura básica III preserva liberdades básicas iguais; assim, ao decidir entre I e III, podemos passar ao segundo princípio. Em III, as partes dos bens não são iguais, mas a parte de cada um é maior do que era em I, isto é, a desigualdade é para o benefício de todos. Assim, III é melhor do que I, pelo segundo princípio.

Rawls sugere que os dois princípios podem ser pensados como um caso especial ou aplicação de uma concepção mais geral de justiça:

> Todos os valores sociais – liberdade e oportunidade, renda e riqueza, e as bases do respeito próprio – devem ser distribuídos igualmente, a não ser que uma distribuição desigual de qualquer desses valores, ou de todos eles, seja vantajosa para todos. (62; 54 Rev.)

O pensamento é que, quando se trata da distribuição de coisas importantes que nós todos valorizamos, a distribuição predefinida deveria ser igualitária. Isso talvez reflita a ideia de que, se uma pessoa tiver de possuir mais do que outra, a desigualdade deve ser justificada de alguma forma. Suponha que permitir que algumas pessoas tenham mais do que as outras estimule um maior esforço de todos, e que isso amplie as perspectivas de todos: nesse caso, a concepção geral permitiria essa desigualdade. Os dois princípios de justiça como equidade surgem do fato de que (ao menos nas sociedades como a nossa) afastar-se das liberdades básicas iguais jamais faz com que tenhamos vantagens para todos, as passo que afastar-se de uma distribuição igual de outros bens sociais e econômicos pode fazê-lo, em alguns casos, como veremos mais tarde. Já que a maior parte de *Uma teoria da justiça* se refere à concepção baseada em

	Estruturas básicas		
Cidadãos:	I	II	III
Grupo A	10,10	9,25	10,15
Grupo B	10,10	11,50	10,20

FIGURA 3.1

dois princípios, e mais específica, de justiça como equidade, podemos em maior ou menor grau deixar de lado a concepção geral acima citada.

A maior parte das complexidades na interpretação da justiça como equidade relaciona-se ao segundo princípio, que devemos discutir a seguir. Antes de nos voltarmos a elas, contudo, façamos alguns comentários sobre o primeiro princípio. Rawls alterou as palavras do primeiro princípio várias vezes depois da publicação inicial de *Uma teoria da justiça,* em 1971. Na edição revisada, o autor diz que "toda pessoa deve ter um direito igual ao mais amplo *esquema de liberdades básicas iguais* compatível com um similar *esquema de liberdades* para os outros" (53 Rev., grifo meu). Em seu prefácio para a edição revisada, Rawls explica que essa revisão se deveu a algumas críticas levantadas pelo filósofo legal H. L. A. Hart e por outros autores. Basicamente, a diferença era que, na primeira formulação, parece estar implícito haver algum bem geral chamado "liberdade básica", cuja distribuição igual deveria ser ampliada ao máximo. Não foi isso que Rawls quis afirmar. Por "liberdade básica" ele simplesmente queria referir-se a um conjunto de direitos conhecidos, conforme uma lista como esta:

> a liberdade política (o direito de votar e de ser eleito para cargos públicos) juntamente com a liberdade de expressão e de reunião; liberdade de consciência e liberdade de pensamento; liberdade da pessoa juntamente com o direito de possuir propriedade (pessoal); e estar livre de detenção e sequestro arbitrários conforme definidos pela norma legal. (61; 53 Rev., levemente revisada)

Como Hart observou, não está de modo algum claro que esses vários direitos específicos pudessem ser reduzidos a um único bem chamado "liberdade básica" (Hart 1973: 233-239). Como comparar as unidades que compõem a liberdade básica de um direito à liberdade de expressão com as unidades de um direito a estar livre de prisão arbitrária, por exemplo? Rawls concordou, e a substituição de "liberdade básica", do original, por "esquema de liberdades básicas iguais", na edição revisada, visou a eliminar essa confusão. O esquema de liberdades básicas iguais assim vislumbrado é um cronograma de direitos específicos que se reúnem em um feixe coerente que pode ser concedido igualmente a todos os cidadãos.

Isso, contudo, não encerrou a questão. Mesmo na formulação revisada, há ainda a sugestão de que o esquema de liberdades básicas são feixes ou lotes que podem ser medidos de modo quantificável e, assim, comparados entre si como maiores ou menores. A dificuldade dessa sugestão é dupla. Primeiramente, se não há uma só métrica para comparar direitos particulares, como pode haver uma para comparar "lotes" de direitos? A objeção à formulação original não se aplicaria da mesma forma, e bem, à revisada? Em segundo lugar, mesmo supondo que podemos comparar os esquemas de liberdades básicas de acordo com seu tamanho relativo de extensão, a diretiva de que devemos escolher "o esquema mais amplo" parece impedir a necessidade de um segundo princípio de justiça como um todo. Quando se considera quaisquer duas estruturas básicas, se houver qualquer diferença entre elas, esta provavelmente estará refletida em pelo menos alguma pequena diferença referente aos esquemas de liberdades básicas dessas estruturas. Já que o primeiro princípio tem prioridade lexical sobre o segundo, somos, portanto, dirigidos a selecionar o esquema mais amplo, e assim se encerraria o caso. O segundo princípio de justiça nunca apareceria.

Rawls mais tarde esclareceu essas dificuldades, revisando o primeiro princípio pela segunda vez, o qual passou a enunciar que "toda pessoa tem um direito igual a um esquema *plenamente adequado* [suficiente] de liberdades básicas iguais que seja compatível com um esquema similar de liberdades para todos" (Rawls 1993: 291, grifo meu). Essa seria a formulação definitiva do primeiro princípio. A lista de liberdades básicas apresentada acima é tida como uma expressão do que seria esse esquema "plenamente adequado". Uma vez supridos os direitos assim especificados para todo cidadão, o primeiro princípio de justiça estaria satisfeito, e podemos passar ao segundo. Essa solução traz à baila, é claro, duas questões que lhe são próprias. De onde vem a lista particular de direitos fundamentais? Por que esses direitos, e não outros, são considerados plenamente adequados? E assim sucessivamente. Nos escritos posteriores, Rawls tenta abordar essas questões (esp., Rawls 1993), mas elas não precisam ser objeto de nosso interesse aqui. Para entender *Uma teoria da justiça*, é mais fácil aceitar a enumeração da lista como algo razoavelmente sensato, e partir daí.

3.4.2 Interpretações do segundo princípio

O segundo princípio de justiça como equidade tem duas condições, que requerem, respectivamente, que quaisquer desigualdades sociais e econômicas permitidas pela estrutura básica sejam "para o benefício de todos" e "vinculadas a profissões e a cargos abertos a todos" (60; 53 Rev.). Ambas as expressões são, porém, ambíguas, e assim o segundo princípio fica aberto a várias interpretações plausíveis. Qual interpretação é melhor? Rawls dedica um esforço considerável a essa questão, especialmente nos §§ 12-14. No final, três interpretações alternativas são consideradas em detalhe, cada uma delas especificando as duas condições de modo algo diferente – e a Figura 3.2 indica a ordem na qual Rawls as discute.[2] Alguns leitores têm considerado a discussão dessas alternativas, juntamente com algumas observações no § 17, como uma sugestão de uma linha de argumento independente para a justiça como equidade, em acréscimo ao argumento principal (da posição original) apresentado depois no terceiro capítulo de *Uma teoria da justiça*. Rawls esclarece, contudo, que isso não procede: "nenhuma das [...] observações" destes trechos constitui um argumento para a justiça como equidade, diz ele, "já que, em uma teoria contratual, todos os argumentos, falando estritamente, devem ser elaborados em termos do que seria racional escolher na posição original" (75; 65 Rev.).

Porém, ao mesmo tempo, lembre-se (a partir de nossa discussão sobre o equilíbrio reflexivo no subcapítulo 3.3) de que precisamos alguma garantia de que tenhamos projetado o próprio procedimento da posição original corretamente, isto

	Leitura das duas condições	
Interpretações do Segundo Princípio:	"para o benefício de todos"	"profissões e cargos abertos a todos"
Sistema de liberdade natural	Princípio da eficiência	Igualdade de oportunidades formal
Igualdade liberal	Princípio da eficiência	Igualdade de oportunidades justa
Igualdade democrática	Princípio da diferença	Igualdade de oportunidades justa

FIGURA 3.2

é, que nossa noção intuitiva de procedimentos justos seja em si mesma confiável. Imagine, por exemplo, que um projeto inicial de posição original gere resultados significativamente desalinhados com nossa noção intuitiva de justiça social: se esse fosse o caso, provavelmente duvidaríamos da integridade de nossa caracterização inicial do procedimento. Elaborações específicas da posição original devem ser verificadas de maneira cruzada, por assim dizer, com os seus respectivos resultados, e vice-versa, até que, depois de um processo reiterado de revisão e calibração, cheguemos, ao final, a um equilíbrio reflexivo. De acordo com isso, é importante que Rawls "prepare o caminho", demonstrando que sua interpretação preferencial do segundo princípio, que, em última análise, seria selecionada na posição original, "não pareça ao leitor excessivamente excêntrica ou bizarra" (75; em 65 Rev., Rawls diz "extrema"). Longe de constituir uma linha de argumento independente, essa preparação é parte e parcela do argumento da posição original considerado como um todo.

Rawls começa com o que ele imagina ser a mais óbvia interpretação do segundo princípio (pelo menos, ou especialmente, para os seus leitores norte-americanos). Em referência à Figura 3.2, digamos que as desigualdades são para o benefício de todos quando elas satisfazem o que Rawls chama de "princípio da eficiência", e que as profissões e cargos estão abertos a todos quando não há discriminação de ordem racial, religiosa, de gênero e assim sucessivamente – o que é tradicionalmente descrito como "carreiras abertas aos talentos", ou igualdade formal de oportunidades. Juntas, elas descrevem o que Rawls chama de interpretação "sistema de liberdade natural" do segundo princípio (66; 56 Rev.). Rawls considera que a ideia de igualdade formal de oportunidades é clara o suficiente para os seus leitores, mas oferece uma longa digressão cujo objetivo é explicar o princípio de eficiência. Embora essa digressão possa ser desnecessária para quem está familiarizado com o conceito de eficiência de Pareto na economia contemporânea, podemos explicar a ideia brevemente para o leitor comum, a seguir.

Os economistas em geral definem uma distribuição de bens como eficiente quando ninguém fica em melhor condição por ter colocado alguma pessoa ou algumas pessoas em pior condição. Suponha que Maria e João recebam, cada um, dez maçãs e dez laranjas. Maria gosta muito mais de maçãs, mas João gosta tanto de maçãs quanto de laranjas. Imagine que Maria ofereça cinco laranjas por quatro maçãs de João. Como ela gosta mais de maçãs, prefere ter mais maçãs do que laranjas. Já que João gosta das duas frutas igualmente, para ele, ter mais frutas é melhor do que ter menos. Assim, a troca faz com que ambos fiquem em melhor condição e nenhum deles em pior. Mas suponha que você permita às pessoas liberdade total para trocarem entre si. Com base no fato de que as pessoas sempre concordarão em realizar trocas que melhorem sua posição e nunca concordarão em realizar trocas que a piorem, podemos facilmente ver que depois de todas as trocas feitas, teremos um resultado perfeitamente eficiente.[3] Maria e João continuarão a trocar suas frutas até que não sejam mais possíveis trocas mutuamente benéficas. É claro que não esperaríamos necessariamente que esse resultado fosse uma distribuição *igual*: isso depende de como a troca se desenrola, e dos bens e dotações que cada um traz para o mercado. Mas o segundo princípio de justiça permite desigualdades desde que se possa esperar, razoavelmente, que elas possam ocorrer para o benefício de todos, e na interpretação do sistema de liberdade natural devemos considerar as distribuições eficientes, assim entendidas, como as que satisfazem essa condição.

Mas quais bens e dotações iniciais as pessoas trariam para o mercado em um sistema de liberdade natural? Aqui a outra parte do segundo princípio pode ser relevante. A exigência de que as posições e cargos sejam abertos a todos sob condições de formal igualdade de oportunidades exclui qualquer discriminação com base em raça, religião, gênero, e assim sucessivamente. Presumindo que tais barreiras tenham sido removidas, podemos dizer que os participantes de um sistema de liberdade natural entram inicialmente no mercado com dois bens ou dotações, a saber, seus talentos naturais e capacidades, juntamente com quaisquer bens e serviços que porventura tenham recebido (aqui estamos especialmente pensando em riqueza herdada e educação e cuidado prestados pela família). Esses podem ser chamados de bens naturais iniciais dos participantes e dotações sociais iniciais, respectivamente. Deve estar claro que aquilo que Rawls chama de "sistema de liberdade natural" é realmente o conhecido ideal libertário de uma economia de mercado perfeitamente livre. Já que esta funciona como algo semelhante a um ideal, na ausência de outro, para muitas pessoas, especialmente nos Estados Unidos, talvez seja perfeitamente compreensível que Rawls a tome como seu ponto inicial para elaborar a melhor interpretação do segundo princípio. Trata-se, contudo, de uma interpretação que ele passará a rejeitar. Por quê?

Muitos têm a intuição de que é justo considerar as pessoas responsáveis pelas escolhas que fazem. Assim, se Maria trabalha arduamente e João é preguiçoso, nada mais justo que Maria garanta uma parcela maior de recompensas do que ele, consideradas todas as outras coisas iguais. Parte do apelo dos mercados perfeitamente livres é que eles tendem a recompensar maiores esforços com maiores recompensas, como é de fato justo. O outro lado de nossa noção usual de equidade, porém, é que as pessoas não devem ser consideradas responsáveis por coisas que estejam além de seu controle. Com um pouco de reflexão, devemos perceber que os resultados do mercado não podem ser sempre descritos como justos nesse sentido. O modo como nossas vidas se desenvolve, mesmo em um mercado perfeitamente livre, é apenas em parte devido a nossos próprios esforços: deve-se também, em alguma medida, ao ponto de que partimos ao entrar no mercado. Nossos pontos de partida, por sua vez, são o produto de contingências históricas cumulativas que estão além de nosso controle pessoal.

Suponhamos que Maria e João trabalhem de maneira igualmente árdua, em um sistema de mercado perfeitamente livre. Será que atingirão um nível igual de sucesso? Não necessariamente. Maria pode começar um passo à frente se seus pais tiverem trabalhado mais do que os de João e tiverem propiciado uma melhor educação a ela. O desempenho dos pais de Maria, por sua vez, pode ter sido influenciado pelo fato de terem enfrentado alguma discriminação injusta, sem a qual teriam até apresentado um desempenho *ainda melhor*; ou pelo fato de terem sido preguiçosos e nunca desenvolvido seu talento etc. (poderíamos continuar a desdobrar as situações indefinidamente...). Assim, observa Rawls:

> A distribuição inicial de bens para qualquer período de tempo [...] é o efeito cumulativo de distribuições anteriores de bens naturais – isto é, talentos naturais e capacidades –, conforme foram desenvolvidos ou deixados irrealizados, e conforme seu uso foi favorecido ou desfavorecido, ao longo do tempo, pelas circunstâncias sociais e contingências ocasionais, como acidentes e sorte. Intuitivamente, a injustiça mais óbvia do sistema de liberdade natural é que ele permite que as parcelas distributivas sejam impropriamente influenciadas por esses fatores, tão *arbitrários de um ponto de vista moral*. (72; 62-63 Rev., grifo meu)

O que Rawls está defendendo é que não podemos considerar as pessoas responsáveis por seus ancestrais, pelo modo como eram ou pelas circunstâncias que enfrentaram. Essas contingências históricas são "arbitrárias de um ponto de vista moral", no sentido direto de que não podemos nem dizer que as pessoas merecem, nem que não merecem, quaisquer benefícios ou fardos que tais contingências provocam aqui e agora. O fato de nossos avós terem, digamos, sofrido com uma enchente ou furacão pode ter alguma influência sobre o modo como as pessoas vivem hoje, mas essa influência está claramente além do escopo de nossa própria responsabilidade moral pessoal.

Esse pensamento sugere uma interpretação, de algum modo diferente, do segundo princípio, que Rawls chama de interpretação da "igualdade liberal" (ver Figura 3.2). Suponhamos que o princípio da eficiência seja mantido, mas que abandonemos a igualdade de oportunidades formal, substituindo-a por um princípio de "justa igualdade de oportunidades". A ideia aqui é que, além de proteger os indivíduos contra a discriminação aberta e franca, possamos introduzir um sistema de educação pública universal "projetado para aplainar as barreiras de classe" e assim "mitigar a influência das contingências sociais e da sorte natural" não abordadas no sistema de liberdade natural (73; 63 Rev.). As pessoas entrariam no mercado de trabalho com, aproximadamente, dotações sociais iniciais similares, ponto em que um mercado perfeitamente livre poderia entrar em ação. O modo como sua vida se desenrola, bem ou mal, nesses esquemas depende em parte de seu próprio esforço pessoal, mas os indivíduos com talento e motivação aproximadamente equivalentes teriam oportunidades aproximadamente similares na vida, independentemente do histórico familiar.

Embora essa segunda interpretação possa parecer positiva em alguns aspectos, Rawls identifica duas sérias dificuldades. Uma é que provavelmente será impossível aplainar completamente as barreiras de classe "enquanto a instituição da família existir" (74; 64 Rev., levemente modificada). Isso ocorre porque há maneiras muito menos tangíveis pelas quais os pais podem influenciar as perspectivas de seus filhos para melhor ou para pior, digamos, oferecendo um ambiente caseiro, em maior ou menor medida, favorável a eles. Por essa espécie de influência os próprios filhos não podem, é claro, ser responsabilizados. Não obstante, ao longo de *Uma teoria da justiça*, Rawls insiste que abolir as famílias como instituição social seria um preço muito alto a pagar para atingir uma justa igualdade de oportunidades, embora jamais diga precisamente por quê (em textos posteriores, porém, ele sugere que abolir as famílias seria inexequível, na medida em que não temos meios práticos alternativos de reprodução social; e isso em alguma medida também colocaria em situação problemática o primeiro princípio de justiça como equidade, que, entre outras coisas, garante um direito de associação privada: ver Rawls 1997: 595-601). Teremos então de conviver com um grau imperfeito de justa igualdade de oportunidades e encontrar algum outro método para mitigar qualquer injustiça que, como resultado, permanecer.

A outra dificuldade é que, mesmo se o projeto de igualdade liberal tiver sucesso em seus próprios termos no nivelamento de dotações sociais iniciais, há outros aspectos importantes nos quais a distribuição de bens sociais e econômicos gerados por mercados perfeitamente livres não pode ser considerada justa. Os benefícios e os fardos deixados para nós por nossos ancestrais são apenas um aspecto dos bens e das dotações iniciais que trazemos para o mercado. O outro aspecto, já mencionado, é constituído por outros talentos e capacidades naturais. Muito como acontece no caso de dotações sociais, a inicial "distribuição de capacidades e talentos" é o produto do que poderia ser descrito, do ponto de vista do indivíduo, como uma "loteria natural", isto é, "arbitrário a partir de uma perspectiva moral" (74; 64 Rev.). Agora, é claro que os talentos e as capacidades podem ser ou não cultivados, e isso é algo pelo que *somos* responsáveis individualmente.[4] Se Maria e João possuem um talento natural similar para música, o qual Maria cultiva e João não, nada mais justo que Maria receba maiores recompensas por seu talento. Não é disso que Rawls está falando aqui; podemos presumir que nossos esforços para cultivar nossos talentos e capacidades (por meio de educação avançada, treinamento para a função, etc.) ocorrerão no âmbito do sistema de mercado e que a distribuição resultante de bens sociais e econômicos refletirão de maneira correta tais esforços. A questão relevante, na verdade, são nossos bens naturais *iniciais* – quaisquer talentos e capacidades com que simplesmente nasçamos. Se Maria tem um talento natural para música, e João não, isso não é algo por que possamos responsabilizá-lo. Nossos bens iniciais naturais não são nem merecidos, nem não merecidos: eles simplesmente são o que são. A única questão, se há alguma, é: o que fazer com esse fato?

3.4.3 O princípio da diferença

Agora pode parecer que a linha de raciocínio que Rawls usou aqui deve estar nos levando em direção a alguma espécie de igualitarismo radical. Como podemos corrigir os diferentes históricos familiares e também a boa ou a má sorte na loteria natural do talento? Dado um compromisso com a preservação da instituição da família, o princípio da justa igualdade de oportunidades por si só não parece estar pronto para a tarefa, e talvez nossa única alternativa seja tornar iguais os resultados em algum grau. Mas não é isso que acontece. Em vez disso, Rawls sugere uma rota diferente.

Imagine uma sociedade com dois grupos ou classes principais. Os integrantes do primeiro grupo, que é muito maior, "a classe trabalhadora", não têm talentos e capacidades especiais que estejam além da norma, mas os integrantes do segundo e menor grupo, "a classe empreendedora", têm, cada um, algum talento ou capacidade que os distingue em especial. Como vimos, Rawls acredita que ninguém é pessoalmente responsável pelos talentos naturais com que nasce – trata-se apenas de um fato bruto da natureza. Mas, se distribuirmos os bens sociais e econômicos igualmente a todos, sob a perspectiva de que os membros da classe empreendedora não merecem, no final das contas, os talentos e as capacidades que os distinguem, decorre que não podemos esperar que eles invistam muito tempo ou esforço no cultivo desses talentos e capacidades, pois tais investimentos não trarão nenhuma recompensa adicional a eles.[5] Isso pode ser muito pior para todos, inclusive para a classe trabalhadora. Suponha que, em vez disso, permitamos que o sistema econômico recompense os talentos maiores: em outras palavras, permitimos que os melhores músicos ganhem mais do que os piores, que os melhores desenvolvedores de *software* ganhem mais do que os piores, e assim sucessivamente. Isso geraria desigualdades na distribuição de bens sociais e econômicos, mas, como observa Rawls, pode ser que:

> as maiores expectativas permitidas aos empreendedores os estimulam a fazer coisas que aumentam as perspectivas de longo prazo da classe trabalhadora. Suas melhores perspectivas agem como incentivos, de modo que o processo econômico é mais eficiente, a inovação ocorre em ritmo mais acelerado, e assim sucessivamente. Ao final do processo, os benefícios materiais resultantes espalham-se ao longo do sistema e aos menos beneficiados. (78; em 68 Rev., sentença final omitida)

Essa história deve ser conhecida, pois é economia básica. Rawls é cuidadoso ao dizer que ele "não considerará o quanto essas coisas são verdadeiras" (ibid.), isto é, que o trabalho de especialistas em economia é precisamente determinar o quanto os incentivos realmente operam dessa maneira. Mas ele presume, como é muito plausível, que essa história é verdadeira pelo menos em alguma medida. Decorre daí que a igualdade perfeita nem sempre será para o benefício de todos, e, com efeito, que a existência de *algum* grau de desigualdade pode de fato ser melhor para todos, porque então seria possível oferecer às pessoas incentivos para explorar quaisquer talentos e capacidades naturais com que tenham nascido. Todos se beneficiam, podemos pensar, quando fazemos o melhor uso possível da quantidade total de talentos disponíveis na sociedade.

Até onde devemos permitir que esse raciocínio vá? Qual o tamanho que devem ter essas desigualdades? Rawls responde a essas perguntas com o que ele chama de "princípio da diferença", de acordo com o qual "maiores expectativas de quem está melhor situado são justas se, e apenas se, elas atuam como parte de um esquema que melhora as expectativas dos membros menos privilegiados da sociedade" (75; 65 Rev.). O princípio da diferença substitui o princípio da eficiência como uma explicação do trecho "para o benefício de todos" do princípio da justiça como equidade. Se combinarmos o princípio da diferença com a justa igualdade de oportunidades, chegamos ao que Rawls chama de interpretação da "igualdade democrática" do segundo princípio de justiça (ver Figura 3.2). Esta acaba por ser a interpretação preferencial para Rawls, e, por isso, o autor dedica um esforço considerável a explicar o princípio da diferença, como também faremos.

Primeiramente, devemos observar que os "menos privilegiados" não são necessariamente os indivíduos menos privilegiados, mas o grupo menos privilegiado considerado como um todo. Rawls, de certa maneira, esclarece isso posteriormente, sugerindo que poderíamos caracterizar os menos privilegiados, aproximadamente, como a pessoa que em média vive abaixo do que se chama linha de pobreza nos Estados Unidos – isto é, metade da renda e riqueza medianas (algo que pode ser tomado como, aproximadamente, uma mensuração-padrão para a distribuição de todos os bens sociais e econômicos relevantes) – em qualquer época (97-98; 83-84 Rev.). Um segundo esclarecimento elementar foi negligenciado por Rawls, porém, confundindo assim alguns de seus primeiros leitores. Tal esclarecimento é o de que o grupo menos privilegiado deve ser entendido como um designador relativo, e não fixo. No exemplo dado acima, podemos supor que o grupo "menos privilegiado" deve referir-se especificamente à classe trabalhadora. Com esse pensamento em mente, imagine que os números na Figura 3.3 representam quotas esperadas de bens sociais e econômicos para os membros das duas classes sob três estruturas básicas possíveis. Que estrutura básica satisfaz o princípio da diferença? A resposta correta é a segunda, não a terceira. Isso porque o grupo dos "menos privilegiados" não está definido especificamente como a classe trabalhadora – cujas expectativas seriam maiores em III – ou como qualquer outro grupo em particular. Em vez disso, o termo "menos privilegiados" refere-se ao grupo menos privilegiado *relativamente a uma determinada estrutura básica*. Assim, em III, os empreendedores são o grupo menos

	Estruturas básicas		
	I	II	III
Classe trabalhadora	10	15	18
Empreendedores	10	25	14

FIGURA 3.3

privilegiado, ao passo que, em II, tal grupo é a classe trabalhadora. O princípio da diferença favorece a estrutura básica II em detrimento da III (e da I), porque os menos privilegiados na estrutura básica II estão em melhores condições do que os menos privilegiados das outras duas. Rawls eliminou essa ambiguidade em textos posteriores (Rawls 2001: 69-70).

Feitos esses esclarecimentos mais simples, podemos discutir as notas técnicas detalhadas (para muitos leitores, confusas) que Rawls oferece sobre o princípio da diferença no § 13 (76-78; 65-67 Rev.). Tais notas dizem respeito a uma série de figuras que, tomando algumas liberdades, são algo semelhante às Figuras 3.4 e 3.5. Como devemos interpretá-las?

A ideia geral é o que vem a seguir. Suponha que x_1 represente a renda esperada do grupo mais privilegiado e que x_2 represente a renda esperada do grupo menos privilegiado. No ponto de origem dessas figuras, supõe-se que cada grupo tem a mesma renda (diferente de zero), representando talvez uma economia perfeitamente socialista. Suponha, então, que introduzamos algumas reformas econômicas ao estilo do mercado. O que se esperaria acontecer? A disciplina da economia, em seus termos mais básicos, sugere que a riqueza total produzida aumentaria, mas que esse aumento seria distribuído com certa desigualdade – o grupo mais privilegiado receberia uma parcela mais alta. Na Figura 3.4 isso é representado como um movimento para a direita ao longo da curva OP, que vemos estar abaixo da linha de 45° que parte da origem e representa distribuições iguais. A curva OP representa o conjunto de sistemas econômicos plausíveis. Introduzir mais reformas de mercado nos leva ainda mais para a direita ao longo da curva: mais riqueza geral é produzida, mas uma porção crescente dela acaba nas mãos dos mais privilegiados. Em que ponto o somatório da riqueza total produzida é maior? No ponto a, onde a curva OP atinge o ponto norte-leste mais distante possível (é possível para o grupo dos mais privilegiados ter um desempenho ainda melhor para si próprio, mas além do ponto a seus ganhos marginais serão contrabalançados por perdas maiores para o grupo dos menos privilegiados). Podemos imaginar que isso representa a economia de mercado perfeitamente livre recomendada pelo princípio da eficiência. Se a felicidade individual fosse simplesmente uma função linear da riqueza, este seria o sistema que o utilitarismo

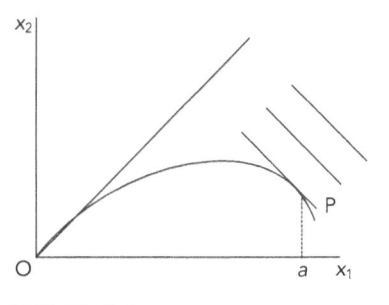

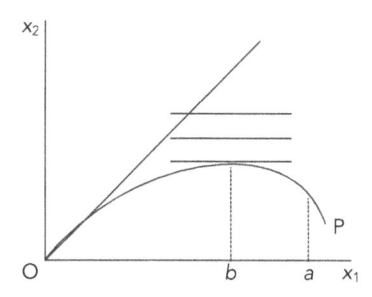

FIGURA 3.4

FIGURA 3.5

endossaria. Mas o princípio da diferença não nos instrui a otimizar a produtividade: em vez disso, instrui-nos a maximizar as perspectivas dos menos privilegiados. Na Figura 3.5, vemos que isso ocorre no ponto *b* da curva OP, representando, talvez, uma economia de mercado combinada a alguns programas de bem-estar social. Embora uma economia tão híbrida como essa venha a ser menos produtiva no geral do que uma economia de mercado perfeitamente livre, ganhos futuros de produtividade não podem ser obtidos sem que se reduzam as expectativas dos menos privilegiados. Com algumas restrições, podemos presumir que Rawls pretende endossar algo parecido com isso (ele discute os detalhes depois, no Capítulo 5).

Outras questões podem ocorrer para alguns leitores. Por exemplo, suponha que possamos melhorar as expectativas dos mais privilegiados sem piorar as expectativas dos menos privilegiados. Isso seria equivalente, na Figura 3.4, a haver um segmento plano ao longo da curva OP à direita do ponto *b*. O que o princípio da diferença nos diz para fazer em tais casos? Podemos pensar que isso é improvável, já que as relações econômicas em economias modernas complexas são, conforme diz Rawls, como uma "malha cujos pontos são trançados de maneira bastante fechada" (80; 70 Rev.): mudanças nas expectativas de algumas pessoas são quase sempre seguidas de algum efeito sobre as perspectivas de todas as outras. Se essa condição não se sustentar, porém, Rawls explica que o princípio da diferença nos conduz a maximizar as perspectivas de cada grupo na sociedade em ordem ascendente, isto é, primeiro maximizamos as perspectivas dos menos privilegiados; depois as do grupo mais próximo a eles, desde que isso seja coerente com a não redução das perspectivas dos menos privilegiados; e assim sucessivamente, até chegarmos ao grupo dos mais privilegiados (83; 72 Rev.). Dada a plausibilidade da ideia da malha de pontos bem fechados, contudo, Rawls em geral supõe que a simples afirmação do princípio da diferença será suficiente.

Outra questão que podemos ter é se o princípio da diferença, que em geral dirige nossa atenção para os menos privilegiados apenas, representa uma articulação plausível do trecho "para o benefício de todos" do segundo princípio. Rawls argumenta que sim, desde que algo chamado "conexão em cadeia" geralmente prevaleça (80; 70 Rev.). A conexão em cadeia prevalece quando as melhorias nas perspectivas dos menos privilegiados (pelo menos até o ponto *b* da Figura 3.4) são geralmente acompanhadas por melhorias nas perspectivas das outras classes também. Observe que não estamos *maximizando* as perspectivas dessas outras classes: é certamente possível, e de fato provável, que elas poderiam ter um desempenho melhor para si próprias ao custo da *redução* das perspectivas dos menos privilegiados. Não obstante, as perspectivas das outras classes melhoraram em comparação com o ponto básico de referência de uma economia socialista perfeitamente equânime. Considerado o fato de que a conexão em cadeia se sustente, podemos plausivelmente descrever uma distribuição de bens econômicos e sociais que satisfaçam o princípio da diferença como sendo "para o benefício de todos".

3.4.4 Igualdade democrática e justiça procedimental

Tendo assim esclarecido o significado do princípio da diferença, Rawls dá um passo para trás e reflete sobre como as duas partes da interpretação da igualdade democrática do segundo princípio da justiça como equidade se encaixam. Ele o faz por meio de uma discussão muito importante, e frequentemente mal compreendida, sobre a "justiça procedimental" no § 14.[6]

Rawls distingue três diferentes tipos de justiça procedimental (85-86; 74-75 Rev.). A primeira é o que ele chama de justiça procedimental "perfeita". Esta surge quando temos um critério independente para julgar o que seria um resultado justo, e também um método ou procedimento que infalivelmente gere precisamente esse resultado. O exemplo que ele oferece é dar à pessoa que corta um bolo o último pedaço: esse procedimento, confiavelmente, gera pedaços iguais de bolo, que é precisamente o que pensamos ser uma divisão justa de um bolo. Compare esse procedimento com o de um tribunal penal. Novamente, temos um critério independente para o que seria um resultado justo, a saber, que os inocentes sejam soltos e os culpados punidos. O sistema de tribunal penal busca atingir esse resultado, mas claramente não o conseguirá em todos os casos; assim, é um exemplo de justiça procedimental "imperfeita". Obviamente, como observa Rawls, a justiça procedimental perfeita é rara, e a imperfeita é a norma. O que a justiça procedimental perfeita e a imperfeita têm em comum é que em ambos os casos há um critério independente para avaliar os resultados, e o procedimento é simplesmente um método em maior ou menor medida confiável para realizar tal resultado. Há outros cenários em que não temos tal critério. Considere um jogo de pôquer, por exemplo. Ao final de um jogo, os participantes quase com certeza terão quantidades de fichas muito diferentes das que obtiveram no início, mas não há um critério independente de acordo com o qual possamos julgar essas quantidades ao final do jogo como corretas ou não – não é como se Maria devesse ter acabado o jogo com mais fichas que João, por exemplo. Pelo contrário, presumindo-se que as regras fossem obedecidas e ninguém trapaceasse, é claro, diríamos que o resultado é justo, *não importando a distribuição de fichas ao final do jogo*. Isso é o que Rawls chama de justiça procedimental "pura". Nos casos de justiça procedimental pura, o procedimento não é um método (em maior ou menor medida confiável) para realizar um resultado justo; em vez disso, o próprio fato de que o procedimento tenha sido obedecido é que *faz* com que o resultado seja justo.

Agora, consideremos as várias interpretações do segundo princípio de justiça como equidade à luz dessas distinções. Refletindo sobre as interpretações da liberdade natural e da igualdade liberal, devemos ver se cada uma delas depende da justiça procedimental pura em alguma medida considerável. E se nenhuma apresenta um critério independente para avaliar qual seria a parcela de bens sociais e econômicos de Maria em comparação aos de João. Em vez disso, cada uma presume que há certas regras – as regras de propriedade e contrato, por exemplo – que juntas definem um sistema de mercado, e que Maria e João estejam aptos a quaisquer parcelas que venham a garantir por meio de sua participação nesse sistema, desde que sigam as regras. Para dar um exemplo contrastante, suponha que tivéssemos um princípio de distribuição como este: "para cada um de acordo com suas necessidades". Nesse princípio, teríamos um critério independente para avaliar qual deveria ser o tamanho de parcela de bens sociais e econômicos de cada pessoa. Assim, se Maria tivesse menos necessidades do que João, a parcela de bens dela seria menor do que a dele, o que nos apresenta um padrão a partir do qual podemos avaliar a distribuição real. Se, por exemplo, Maria acabar com mais bens do que João, saberíamos que isso estaria incorreto: alguns dos bens dela deveriam ser cedidos a João. Robert Nozick, outro filósofo contemporâneo de Rawls em Harvard, chamava os princípios distributivos que operam dessa maneira de princípios "padronizados" (Nozick 1974: 156). Quando se tem um princípio distributivo padronizado, sem dúvida será necessário algum método ou procedimento para gerar o padrão desejado: Rawls explicava este método como uma instância de perfeita justiça procedimental perfeita ou imperfeita, dependendo da confiabilidade com a qual o método mantinha o padrão desejado.

Ao passar das interpretações da liberdade natural ou da igualdade liberal para a interpretação da igualdade democrática, Nozick, assim como muitos dos leitores de Rawls ao longo dos anos, pensa que o autor abandonou a justiça procedimental pura em favor de um princípio distributivo padronizado. Afinal, o princípio da diferença nos diz que os menos privilegiados devem ter uma parcela dos bens sociais e econômicos tão grande quanto possível, o que parece nos dar um critério independente para avaliar as distribuições reais. A dificuldade com princípios distributivos padronizados é que é impossível manter um padrão (e isso é verdade, independentemente do padrão de sua preferência), a menos que se esteja disposto a interferir continuamente nas liberdades fundamentais das pessoas. Suponha você que a distribuição entre Maria e João esteja precisamente certa, de acordo com o seu padrão de preferência, seja ele qual for. Algum tempo depois, eles poderiam voluntariamente concordar em trocar alguns de seus bens. Assim, como Nozick observou, "para manter um padrão deve-se ou interferir continuamente para impedir que as pessoas transfiram recursos como elas desejam" ou, então, periodicamente "tirar de algumas pessoas recursos que outros, por algum motivo, tenham optado por transferir a elas", a fim de restaurar o padrão por meio de redistribuição coercitiva (Nozick 1974: 163). Qualquer dessas opções parece violar algumas de nossas liberdades fundamentais.

Admitamos essa dificuldade. A questão é, então, se a interpretação da igualdade democrática do segundo princípio de justiça como equidade realmente adota uma abordagem padronizada de distribuição. Aqui parece que Nozick, e outros, entenderam mal o § 14 de *Uma teoria da justiça*. Rawls é absolutamente claro nesse parágrafo e diz que o segundo princípio da justiça como equidade, mesmo na interpretação da igualdade democrática, é projetado precisamente "para garantir que o sistema de cooperação seja um sistema de justiça procedimental pura" (87; 76 Rev.). Como isso pode ser assim? A confusão reside em presumir que o princípio da diferença deve ser aplicado diretamente às distribuições de bens sociais e econômicos. Mas esse não é o caso. Os princípios da justiça, como Rawls sublinha muitas vezes, são destinados a aplicar-se à estrutura básica da sociedade, isto é, para a elaboração das principais instituições e práticas sociais da sociedade. Para continuar com a analogia do jogo de pôquer, não devemos usar o princípio da diferença para avaliar os *resultados* dos jogos de pôquer, mas sim as suas *regras*. A justiça do resultado de um jogo de pôquer depende crucialmente da justiça de suas regras: se as regras foram concebidas para favorecer alguns jogadores em detrimento de outros, diríamos que o jogo foi ajeitado, e seus resultados, injustos. A fim de alcançar a justiça procedimental pura, devemos começar com regras ou procedimentos justos.

De maneira análoga, a estrutura básica da sociedade constitui as regras ou os procedimentos que governam o "jogo da vida". Segue-se que as parcelas de bens que as pessoas acabam por deter na vida real só podem ser descritas como justas se as regras e os procedimentos que elas são obrigadas a observar em suas várias atividades também são justos. "Somente com o pano de fundo de uma justa estrutura básica", diz Rawls, "incluindo uma constituição política justa e um arranjo justo das instituições econômicas e sociais, pode-se dizer que o requisito do procedimento justo existe" (87; 76 Rev.). Considere-se, a título de ilustração, dois sistemas de regras possíveis para um sistema econômico. O primeiro é o conjunto de regras que definem a pura economia de mercado livre; o segundo é idêntico ao primeiro, exceto pelo fato de haver um imposto de renda negativo, neutro em termos de receita (isso taxaria, proporcionalmente, as rendas acima de um certo limite, e emitiria, também proporcionalmente, créditos de igual valor abaixo do limite, menos os custos administrativos). O segundo conjunto de regras não dita, não mais do que o primeiro, uma determinada distribuição de bens sociais e econômicos para determinadas pessoas – não diz que Maria deve ter tanto em relação a João, e assim por diante. Sob ambos os sistemas, o quanto as pessoas acabam por ter é algo que depende inteiramente das escolhas que fazem, do tipo de vida que decidem viver. Então, qual conjunto de regras é melhor? Essa é a questão relevante.

De acordo com Rawls, o princípio da diferença é projetado para nos dizer quais seriam as melhores regras, isto é, a melhor configuração da estrutura básica. O princípio nos leva a comparar as prováveis perspectivas dos menos privilegiados (independentemente de quem sejam) sob uma configuração da estrutura básica com as prováveis perspectivas dos menos privilegiados sob outra, e a escolher com base nisso. Uma vez estabelecidas as regras do pano de fundo, supomos que as pessoas aproveitarão suas próprias vidas, de acordo com os seus próprios projetos, e então podemos dizer que elas têm direito a todas as quantias de bens que acabarem por ter como resultado. Essa é a justiça procedimental pura. A "grande vantagem prática da justiça procedimental pura", afirma Rawls, "é que não é mais necessário [...] acompanhar a infinita variedade de circunstâncias e as posições relativas, em mudança constante, de determinadas pessoas" (87; 76 Rev., ligeiramente alterada). Assim, não precisamos saber muita coisa sobre as necessidades muito particulares e circunstanciais de Maria em comparação com as de João, desde que as regras sejam obedecidas. Isso torna as coisas muito mais fáceis e, contrariamente à opinião de Nozick, não requer interferência contínua nas liberdades básicas.

Vamos ver agora como ficamos depois desta longa exposição da justiça como equidade. No final do § 13, Rawls reafirma o segundo princípio da justiça, desta vez usando a preferida interpretação da "igualdade democrática" do segundo princípio (83; 72 Rev.). Combinando isso com suas formulações posteriores do primeiro princípio (encontradas, como vimos anteriormente, em seus últimos escritos), obtemos o seguinte:

> A justiça como equidade requer que:
> Primeiro, cada pessoa tem um direito igual a um esquema plenamente adequado de liberdades básicas iguais que seja compatível com um esquema similar de liberdades para todos.
> Segundo, as desigualdades sociais e econômicas devem ser organizadas de modo que ambas sejam (a) para o maior benefício dos menos privilegiados e (b) vinculadas a profissões e a cargos abertos a todos, sob condições de justa igualdade de oportunidades.

Essa não é a afirmação completa de Rawls da justiça como equidade, como veremos mais tarde. Uma questão não resolvida, por exemplo, é o *ranking* das duas partes do segundo princípio: nesse momento, Rawls meramente observa que elas também serão ordenadas lexicalmente (89; 77 Rev.), sem especificar claramente o que será esse ordenamento. Mas essa é a versão funcional da justiça como equidade que nos levará ao principal argumento do próximo capítulo de *Uma teoria da justiça*, e está perto o suficiente de servir muito bem à maior parte dos propósitos.

Para concluir, talvez valha a pena reiterar um ponto observado anteriormente. Ao longo destas difíceis seções (§§ 12-14), o objetivo de Rawls não foi apresentar um argumento para a interpretação da igualdade democrática do segundo princípio, pois este argumento deve necessariamente (na visão do autor) proceder por meio da posição original. Ao contrário, seu objetivo foi mostrar que, após a devida reflexão, o segundo princípio de justiça como equidade assim interpretado não diverge radicalmente de nossas já estimadas intuições sobre a justiça social. É nossa intuição considerar as pessoas responsáveis por suas escolhas voluntárias, mas também que é injusto quando alguns têm melhor ou pior desempenho do que os outros por razões alheias à sua vontade. Embora o ideal de justa igualdade de oportunidades em grande parte capte essas intuições, em termos reais não pode ser totalmente implementado, e, portanto, é suprido pelo princípio da diferença. Se Rawls chegou a seu objetivo, devemos agora estar convencidos de que as duas partes do segundo princípio, operando em conjunto, oferecem uma aproximação razoavelmente boa de nossas intuições sobre a justiça social. O que resta a ser feito, no entanto, é demonstrar (por meio do argumento da posição original) que essas meras intuições são genuinamente boas.

Questões para estudo

1. O princípio da diferença oferece um comprometimento sensato entre a importância de alcançar a igualdade justa de oportunidades, de um lado, e a importância de preservar a instituição da família, de outro?

2. Até que ponto a interpretação da igualdade democrática do segundo princípio implementa um sistema desejável de justiça procedimental pura?

3.5 A CARACTERIZAÇÃO DA JUSTIÇA COMO EQUIDADE (§§ 15-17)

No começo do § 15, Rawls indica que finalizou sua explicação dos dois princípios da justiça como equidade (90; 78 Rev.). Em vez de passar ao argumento da posição original, porém, o Capítulo 2 estende-se por mais cinco seções (ou parágrafos). Dois deles (§§ 18-19) são um adendo, em que se discute como a equidade – uma teoria da justiça social – se relaciona a nossas obrigações morais como indivíduos; consideraremos essas seções mais tarde, em conexão com capítulo 6. Mas como ficam os §§ 15-17, se a exposição da justiça como equidade deve ser completa e o argumento pela justiça como equidade ainda não começou? As observações elípticas de Rawls fornecem-nos pouca orientação. Uma maneira de ler esses trechos, entretanto, é como parágrafos que fornecem uma *descrição* de que tipo de teoria a justiça como equidade é – algo mais ou menos paralelo aos §§ 5-6, que deram ao utilitarismo um tratamento equivalente. Se essa leitura estiver correta, então o objetivo de Rawls nesta parte do Capítulo 2 é destacar os pontos de contraste entre as teorias concorrentes.

Aqui podemos lembrar, a partir de nossa discussão anterior, algumas das características do utilitarismo. Para começar, o utilitarismo presume que a única coisa que importa, de um ponto de vista da justiça social, é a felicidade, isto é, os níveis ou graus de felicidade das pessoas. Segue-se, do ponto de vista utilitarista, que as outras coisas com que poderíamos nos importar, tais como gozar nossas liberdades básicas, devem receber uma justificação instrumental. Devemos considerar apenas como ilusão socialmente útil a nossa intuição de que alguns direitos fundamentais deveriam ser invioláveis. Ao mesmo tempo, o utilitarismo, estritamente falando, ignora o conteúdo de nossas preferências. Não importa, por exemplo, que algumas pessoas sejam mais felizes por discriminar outras: isso também deve ser considerado em nossos cálculos. Finalmente, como teoria estritamente ideológica, o utilitarismo nos instrui a maximizar a soma total de felicidade, sem preocupar-se com sua distribuição na sociedade. Quem, em particular, está feliz não importa, desde que a soma total da felicidade seja tão grande quanto possível. Tendo apresentado uma teoria alternativa de justiça social – a justiça como equidade –, Rawls passa, a seguir, a descrever como sua teoria tem uma visão muito diferente dessas questões.

3.5.1 Bens primários

O utilitarismo, como dissemos, presume que os níveis de felicidade são os dados relevantes quando escolhemos entre várias estruturas básicas. Essa visão é em geral chamada de "bem-estar". No entanto, se refletirmos sobre a justiça como equidade, veremos que ela não adota essa perspectiva, já que os dois princípios da justiça como equidade não fazem qualquer referência a níveis de felicidade. Quais são então os dados relevantes? Em certo sentido, já sabemos a resposta a essa questão: o primeiro princípio está preocupado com as liberdades básicas, e o segundo com outros bens sociais e econômicos. Em uma passagem anterior, Rawls notou que estes serão chamados de "bens primários" (62; 54 Rev.). O que não foi explicado é por que Rawls acredita que os bens primários, em vez da felicidade, devem constituir a "métrica" considerada relevante para a justiça social. No § 15, ele começa a elaborar sua resposta a esta pergunta.

Primeiramente, devemos notar que a lista exata de bens primários varia um pouco nos escritos de Rawls. Na edição original de 1971 de *Uma teoria da justiça*, os bens primários são os que incluem "direitos e liberdades, oportunidades e poderes, renda e riqueza" (92); a edição revisada faz alterações: "direitos, liberdades e oportunidades, e renda e riqueza" (79 Rev.). Ambas as edições observam que um bem primário adicional, ainda não citado até este ponto, é "uma noção de valor próprio" ou respeito próprio (92; 79 Rev.). Esse bem é discutido mais adiante, no § 67 do capítulo 7, onde está claro que Rawls realmente se refere à *base social* do respeito próprio, com o pensamento de que a sociedade pode, afinal, apenas fornecer uma *base* para que respeitemos a nós mesmos: é preciso fazer o resto por conta própria. Rawls ainda revisou a lista novamente.

a) Primeiro, as liberdades básicas conforme uma lista...;
b) Segundo, liberdade de movimento e escolha de ocupação, tendo como pano de fundo oportunidades diversas;
c) Terceiro, poderes e prerrogativas de cargos e profissões de responsabilidade, especialmente aquelas nas principais instituições políticas e econômicas;
d) Quarto, renda e riqueza; e
e) Finalmente, as bases sociais do respeito próprio (Rawls 1982: 362-363).

Em escritos subsequentes, a lista permanece basicamente a mesma. Por isso, podemos considerá-la como a representação aproximada da visão final do autor.

Rawls define bens primários, em geral, como coisas que sempre seria melhor ter mais do que menos ou, dito de outra forma, coisas "que um homem racional quereria em detrimento de outras" (92, 79 Rev.). O autor transfere a discussão detalhada dos bens primários para o capítulo 7, mas a essência da ideia é esta. As pessoas com frequência discordam sobre o que é importante ou valioso. Vamos supor que, independentemente do que uma pessoa valorize, ela formule um plano de vida para si mesma: que pode ser tornar-se um grande médico, ou um bom cristão, ou dedicar sua vida à conservação do meio ambiente ou qualquer outra coisa. De um certo ponto de vista muito geral, podemos então dizer que o que é bom para uma pessoa é aquilo que a ajuda ou lhe permite ter sucesso de acordo com o plano especial de vida que escolheu para si mesma. Como as pessoas têm planos de vida diferentes, coisas diferentes serão boas para elas – cada uma vai desenvolver, em outras palavras, uma concepção diferente do bem para si mesma. Isso parece óbvio. Mas a alegação que Rawls quer fazer é esta: que, para alguns bens, *não importando qual seja o seu plano de vida*, acontecerá simplesmente que sempre será racional para você querer mais, e não menos, desses bens. Os bens para os quais isso é verdadeiro podemos chamar de "bens primários". Claro, você pode querer algum outro bem (não primário) também, e a importância de bens primários em relação a tais outros bens (e mutuamente) pode variar de maneira considerável, dependendo do seu plano de vida e de sua concepção distinta do bem, mas você sempre quererá mais bens primários, e não menos, considerando-se as outras como iguais.

Por que isso é assim? Considere um possível exemplo contrário – alguém que quer dedicar sua vida à caridade. Essa pessoa pode valorizar a renda e a riqueza muito menos do que as outras pessoas, mas ainda seria benéfico para ela ter mais dinheiro do que menos: afinal, ela teria mais dinheiro para dar aos necessitados! Segue-se que ela deveria racionalmente preferir ter mais renda e riqueza, e não menos, sendo as outras coisas iguais, e isso é simplesmente o que importa para que a renda e a riqueza sejam consideradas como bens primários. Ou considere outro exemplo: alguém cujo plano de vida é ser e permanecer um cristão dogmático. Pode parecer que esse plano de vida terá mais sucesso se o interessado não for exposto a pontos de vista alternativos. Essa pessoa poderia, portanto, preferir ter *menos* liberdade de religião em vez de mais? De acordo com Rawls, a resposta correta é não. Isso porque, em sua visão, deveríamos racionalmente preferir que os planos de nossa vida fossem baseados em informações completas: impedir nossa capacidade de rever nossos planos à luz de novas informações seria simplesmente irracional. Segue-se que mesmo um cristão dogmático deveria racionalmente preferir ter mais liberdade religiosa do que menos, sendo as outras coisas iguais. Assim, a liberdade religiosa, como a renda e a riqueza, deve ser considerada um bem primário. Com maiores quantidades de bens primários, Rawls conclui que as pessoas "geralmente podem ter certeza de maior sucesso no exercício das suas intenções e na consecução de seus fins, quaisquer que sejam eles", desde que, é claro, sejam racionais (92; 79 Rev.).[7]

Embora este relato inicial pareça plausível, podemos nos perguntar se a lista de bens primários oferecidos (mesmo depois de suas edições posteriores) é realmente completa, isto é, se não existem outras coisas em relação às quais seria racional querer mais, e não menos, independentemente do plano de vida que se tenha. Na verdade, quase certamente, existem. Suponha, por exemplo, que Maria e João tenham partes iguais de bens primários como até o momento estão definidos, mas que João é diabético e, assim, deve dedicar uma parte de seus bens primários para garantir um estoque de insulina. Poderíamos dizer que eles estão em condições iguais? Provavelmente não. Algumas pessoas, portanto, sugeriram que Rawls considerasse também como bens primários uma gama de itens relativos ao básico funcionamento do que é humano (veja esp. Sen 1980). Curiosamente, Rawls resistiu a essa mudança. Na edição revisada de *Uma teoria da justiça*, o autor inseriu um parágrafo afastando a dificuldade da seguinte forma:

> Presumirei que todas as pessoas têm necessidades físicas e capacidades psicológicas que estão dentro da gama da normalidade, de modo que as questões de saúde e capacidade mental não vêm à baila. Além de prematuramente introduzir assuntos que poderiam nos levar além da teoria da justiça, a consideração desses casos difíceis pode "distrair" nossa percepção moral, levando-nos a pensar em pessoas distantes de nós cujo destino desperte piedade e angústia. O primeiro problema da justiça diz respeito às relações entre as pessoas que no curso cotidiano das coisas são participantes plenos e ativos da sociedade [...]. (83-84 Rev.)

Aqui, Rawls parece sugerir que tratemos casos normais em primeiro lugar, antes de passar para casos mais difíceis e anormais. Compreensivelmente, esta resposta não satisfez inteiramente muitos leitores. Em escritos posteriores, Rawls sugere que a resposta adequada a deficiências físicas depende de fatos empíricos que não seriam conhecidos na posição original, a saber, "a prevalência e os tipos desses infortúnios" e "o custo de tratá-los" (Rawls 1993: 184). Segue-se, argumenta o autor, que tais questões devem ser postas de lado até que tenhamos selecionado os princípios de justiça que devem regular a estrutura básica da sociedade; isso equivale a dizer que essas questões estão fora do escopo de sua obra.

Por enquanto, suponhamos que a lista de bens primários é satisfatória. O utilitarismo sustenta que o que importa é a felicidade, ao passo que a justiça como equidade sustenta que o que importa são as cotas, ou quantidades, de bens primários. Por que uma perspectiva é melhor do que a outra? De acordo com Rawls, isso deve ser parte e parcela da questão mais ampla do motivo pelo qual a justiça como equidade deve ter a preferência em relação ao utilitarismo, e a resposta oficial deve ser fornecida a partir do ponto de vista da posição original. Em outras palavras, um aspecto do argumento de que as pessoas racionais em uma posição original, por trás de um véu de ignorância, optariam pela justiça como equidade, e não pelo utilitarismo, será o de que elas selecionariam os bens primários, em vez de felicidade, como a métrica relevante para a justiça social. Antecipando um pouco seu argumento posterior, Rawls sugere que uma razão pragmática que as leva a fazer isso é que os bens primários são provavelmente mais fáceis de medir do que a felicidade. Lembre-se de que as teorias de justiça social deveriam resolver disputas políticas reais – essa é parte de seu papel na sociedade. Com efeito, os bens primários representam:

> um acordo para comparar as situações dos homens apenas por referência às coisas que, presume-se, todos eles prefiram mais do que outras. Essa parece ser a maneira mais plausível para estabelecer uma medida objetiva reconhecida publicamente, isto é, uma medida comum que as pessoas razoáveis aceitem. Por outro lado, não pode haver um acordo semelhante sobre como estimar a felicidade, definida, por exemplo, pelo sucesso dos homens na execução de seus planos racionais, muito menos um acordo sobre o valor intrínseco desses planos. (95; 81 Rev.)

Porém, Rawls está se colocando um pouco à frente de si mesmo aqui. Por enquanto, seu objetivo é apenas destacar o contraste entre a justiça como equidade e o utilitarismo.

O que passar da felicidade aos bens primários acarreta? Várias coisas. Se a nossa única preocupação é a felicidade, devemos levar em conta o valor das liberdades básicas, das oportunidades, e assim por diante, indiretamente. Esse não é o caso dos bens primários, que são, cada um deles, considerados independentemente valiosos por si sós. Se tomarmos a maximização da felicidade como nosso objetivo, devemos levar em consideração o fato de que as pessoas são felizes de diferentes maneiras. Se algumas pessoas são felizes por discriminar os outros, isso deve ser levado em conta, e igualmente sopesado com a infelicidade que tal discriminação pode causar. Se algumas pessoas – os hedonistas plutocráticos discutidos anteriormente (no subcapítulo 3.2) – convertem bens materiais em felicidade de forma muito eficiente, eles devem, então, receber a maior parte desses bens. E assim sucessivamente. Ao substituir felicidade por bens primários, nós de fato concordamos em ignorar este tipo de informação: desde que todos tenham uma parte equitativa dos bens primários, concordaremos que as demandas da justiça social foram cumpridas. Os bens primários, assim, representam uma forma fundamentalmente diferente de ver o problema da justiça social. Em grande medida, eles implicam atribuir aos indivíduos a responsabilidade de encontrar sua própria felicidade de acordo com seus próprios planos de vida.

3.5.2 Justiça e solidariedade

Anteriormente, discutimos a ideia de que a sociedade pode ser vista como um sistema de cooperação caracterizado não só pelo benefício mútuo, mas também por conflitos de interesses. Uma vez que diferentes configurações da estrutura básica beneficiarão os vários grupos da sociedade em diferentes graus, devemos ter alguma concepção pública de justiça social para conciliar esses interesses conflitantes, de um ponto de vista imparcial. O utilitarismo propõe que os conflitos de interesse sejam conciliados pelo somatório da felicidade esperada que é gerado pelas opções, contando a felicidade de todos igualmente, e selecionando a opção com o maior total. Com efeito, trata-se de pensar a sociedade como uma única pessoa a quem não importa qual de suas muitas partes experimente a felicidade. Podemos, ainda, dizer que o utilitarismo implica considerar a sociedade do ponto de vista de um espectador perfeitamente imparcial, mas benevolente. "É esse espectador que, concebe-se, realiza a organização exigida dos desejos de todas as pessoas em um sistema coerente", reflete Rawls em uma passagem anterior. Sendo elemento externo à sociedade, o espectador não tem vínculos específicos pessoais com qualquer membro dela; em vez disso, "os indivíduos são pensados como linhas ao longo das quais os direitos e deveres devem ser atribuídos e os meios escassos de satisfação alocados" no processo de engenharia social (27, 24 Rev.). Pode parecer óbvio, a partir deste ponto de vista externo, que a política racional deve ser a de maximizar a soma total do bem.

A justiça como equidade propõe um método muito diferente para conciliar interesses conflitantes que digam respeito à estrutura básica da sociedade. Em vez de considerar a sociedade do ponto de vista de um espectador imparcial, consideramo-la do ponto de vista dos próprios cidadãos, imaginando-os como iguais e seguidores de princípios de justiça agradáveis a todos. Não sendo espectadores imparciais que vejam a sua própria sociedade a partir de fora, por assim dizer, os cidadãos iguais certamente não serão indiferentes ao modo como as várias coisas que valorizam são distribuídas. Isso está refletido no primeiro princípio de justiça, que nos direciona a distribuir igualmente as liberdades básicas, mesmo que uma distribuição desigual pudesse gerar uma soma total maior. E embora o segundo princípio de fato permita desigualdades em outros bens socioeconômicos, apenas o faz na medida em que essas desigualdades sejam vantajosas para todos, mesmo que isso signifique que a riqueza total produzida seja um pouco menor. Isso faz da justiça como equidade uma teoria deontológica, conforme Rawls define esse termo (ver Seção 3.2). Já que os dois princípios não maximizam nada, não podemos contar com o enganosamente simples argumento da racionalidade por vezes empregado em nome do utilitarismo; o argumento pela a justiça como equidade terá de ser mais complicado e menos direto.

Antes de passarmos a esse argumento neste capítulo, é bom mencionar que Rawls oferece outras reflexões sobre o caráter da justiça como equidade nos §§ 16-17, que começam com a observação de que ver a justiça social do ponto de vista de cidadãos iguais implica a identificação de "certas posições como mais básicas do que outras" para "apresentar um ponto de vista adequado a julgar o sistema social" (96, 82 Rev.). Em outras palavras, a justiça como equidade desconsidera, como uma questão de princípio, consideráveis informações ou dados que poderiam ser relevantes para outras teorias. Quando nos centramos em bens primários, por exemplo, efetivamente concordamos em ignorar o quanto uma unidade desses bens torna uma pessoa mais ou menos feliz do que outra: a felicidade de um indivíduo, estamos dizendo, é de sua própria responsabilidade. Além disso, ao avaliar a distribuição de bens primários, não consideramos as quantidades ou parcelas particulares de determinadas pessoas, mas sim as quantidades ou parcelas típicas de grupos representativos: os cidadãos, no caso das liberdades fundamentais, e os menos favorecidos no caso de outros bens sociais e econômicos. Não é nosso foco, tampouco, as quantidades de bens primários que as pessoas acabam por deter, mas sim as quantidades com que começam, conforme determinado pela estrutura básica da sociedade. O papel da justiça social é apenas garantir que as nossas *posições de partida* sejam justas. "Uma vez satisfeitos esses princípios", diz Rawls, "permitir-se-á que outras desigualdades surjam a partir de ações voluntárias dos homens" (96, 82 Rev.). Aqui, vemos que a justiça como equidade incorporou a ideia de justiça procedimental pura, em contraste com o utilitarismo. Um pouco mais cedo, Rawls observara que "o utilitarismo não interpreta a estrutura básica como um esquema de justiça procedimental pura". Isso porque "o utilitarista tem, em princípio e de qualquer forma, um padrão independente para julgar todas as distribuições, isto é, se eles produzem o maior saldo líquido de satisfação" (89, 77 Rev.). Em outras palavras, dadas informações suficientes sobre as preferências de todos, devemos ser capazes de calcular com antecedência a alocação precisa dos bens que maximizará a soma total de felicidade. Uma vez que não há garantia de que as pessoas voluntariamente adotariam esse padrão por conta própria, mantê-lo poderia requerer ajustes contínuos e intervenções. Os procedimentos que estabelecemos para realizar isso exemplificariam a justiça procedimental perfeita ou imperfeita, dependendo da eficácia de tais princípios em gerar o padrão desejado. Isso representa uma diferença importante entre as teorias, de acordo com Rawls.

A justiça como equidade, em contraste com o utilitarismo, enfoca o papel da estrutura básica na determinação de nossas posições de partida: ela reflete o pensamento de que não se pode dizer que, pessoalmente, mereçamos ou não mereçamos a nossa dotação inicial. "A distribuição natural" de talentos e habilidades "não é justa nem injusta; nem é injusto que as pessoas nasçam em alguma determinada posição [na hierarquia de classes] na sociedade", diz Rawls.

> Estes são, simplesmente, fatos naturais. O que é justo e injusto é a maneira pela qual as instituições lidam com esses fatos. As sociedades aristocráticas e de casta [por exemplo] são injustas porque fazem dessas contingências a base prescritiva para pertencer a classes sociais mais, ou menos, fechadas e privilegiadas. A estrutura básica dessas sociedades incorpora a arbitrariedade encontrada na natureza. (102; 87-88 Rev.)

Uma vez que estes fatos naturais não são justos nem injustos em si mesmos, o objetivo da justiça como equidade não é eliminá-los. Pelo contrário, o objetivo é organizar a estrutura básica "para que essas contingências trabalhem para o bem dos menos afortunados" (102, 87 Rev.). Esse é precisamente o papel do segundo princípio da justiça, e em particular do princípio da diferença. Na versão original do texto, de 1971, Rawls diz que "o princípio da diferença representa, na verdade, um acordo para *considerar a distribuição de talentos naturais como um bem comum* e para *compartilhar os benefícios dessa distribuição* independentemente do que ela venha a ser" (101, grifo nosso). Esse raciocínio, porém, está claramente aberto a interpretações equivocadas, pois parece sugerir que o autor acredita que, por exemplo, o talento natural de Maria para a música não pertença a ela, mas à sociedade, e que, portanto, ela não tem direito a nada que produza com esse talento. Isso não foi, em absoluto, o que Rawls quis dizer e, na edição revisada de *Uma teoria da justiça*, ele tenta esclarecer o que pensou: o princípio da diferença "representa, na verdade, um acordo para considerar a distribuição de talentos naturais como, *em alguns aspectos*, um bem comum, e para compartilhar *os maiores benefícios sociais e econômicos tornados possíveis pelas complementaridades desta distribuição*" (87 Rev., grifo nosso). Seu ponto de vista, ainda um tanto obscuro no texto revisado, não é que a sociedade detenha os talentos de seus membros, mas sim, que a casualidade dos talentos de Maria, sendo diferentes dos de João, e os de João sendo diferentes dos de José, e assim por diante, é em si algo de que todos podem se beneficiar por meio da cooperação. Todos nós nos beneficiamos, em outras palavras, com o fato de que a sociedade contém uma diversidade de pessoas com uma diversidade de talentos e habilidades; assim nada mais justo que alguns dos benefícios cheguem até os indivíduos menos favorecidos. É isso que o princípio da diferença deve garantir.

Para colocar a questão de forma mais ampla, a justiça como equidade implica considerar a sociedade como uma espécie de empreendimento comum em que todos concordam em compartilhar alguns encargos e riscos, mas, ao mesmo tempo, colocar limites definidos no quanto podemos ser exigidos a compartilhar. Esta última noção está expressa, especialmente, no primeiro princípio, e a primeira, no segundo. A ideia da sociedade como um empreendimento comum é indiscutivelmente um dos pressupostos mais importantes de *Uma teoria da justiça*.

Concluímos a descrição e a caracterização da justiça como equidade segundo Rawls. Uma vez que se trata de uma teoria de justiça social muito mais complexa do que o utilitarismo, exige muito mais esforço em sua explicação e tem-nos envolvido em muitos detalhes técnicos ao longo do caminho. Concluída essa primeira tarefa, Rawls está finalmente pronto para passar para sua segunda tarefa principal, a saber: apresentar o argumento de que devemos preferir a justiça como equidade ao utilitarismo.

Questões para estudo

1. A lista de Rawls de bens primários capta com precisão o conjunto de bens que uma pessoa deve racionalmente querer mais, e não menos, independentemente de seu plano de vida particular ou de sua concepção do bem?

2. É melhor confiar apenas nas limitadas informações captadas pelos bens primários na resolução de disputas sobre a justiça, ou o grau de felicidade que uma pessoa pode atingir com a sua cota de bens primários é também importante?

3.6 A POSIÇÃO ORIGINAL (§§ 20, 22, 24-25)

O argumento da posição original para a justiça como equidade aparece, principalmente, no terceiro capítulo de *Uma teoria da justiça*. Infelizmente, em um grau ainda maior do que nos dois capítulos anteriores, Rawls não apresenta seu argumento em uma ordem que remeta à sua sequência mais natural. Por isso, somos mais ou menos obrigados a ler o texto com idas e vindas entre suas partes. Comecemos com o primeiro parágrafo do capítulo (§ 20), no qual Rawls examina a forma que o argumento da justiça como equidade deve ter.

Todas as sociedades devem, necessariamente, ter uma estrutura básica que governe o modo como as atividades de seus membros serão coordenadas e como os vários benefícios e encargos dessa cooperação serão distribuídos entre eles. Qual é a melhor estrutura? Infelizmente, já que "ninguém pode obter tudo o que quer", as pessoas tendem a discordar. "O absolutamente melhor para qualquer homem", poder-se-ia supor, "é que todo mundo deveria se juntar a ele na promoção de sua concepção do bem, independentemente do que seja esse bem", mas é claro que "outras pessoas nunca concordarão com esses termos" (119; 103 Rev.). Algumas estruturas básicas podem ser impostas à força na sociedade para o benefício deste ou daquele grupo especialmente privilegiado, mas certamente não consideraríamos justa uma sociedade como essa. Imaginemos, em vez disso, que todos os membros da sociedade se reúnam e tentem descobrir um conjunto de princípios gerais mutuamente aceitáveis – princípios de justiça social –, que orientarão a concepção da estrutura básica da sociedade. Naturalmente, quereríamos garantir que cada um dos participantes desse grupo fossem suficientemente informado, que considerassem as questões racionalmente e que negociassem entre si sob condições justas e iguais. Essas várias condições procedimentais, que discutiremos mais detalhadamente a seguir, estão resumidas no que Rawls chama de "posição original". Com que tipo de princípios as pessoas concordariam em uma posição original? De acordo com Rawls, elas rejeitariam o utilitarismo e endossariam a justiça como equidade. Isso demonstra, na visão do autor, que a justiça como equidade representa uma melhor teoria da justiça social: é a teoria de que os cidadãos livres e iguais, dadas as condições justas para fazer tal escolha, escolheriam para si. Assim, uma sociedade cuja estrutura básica esteja em conformidade com "os princípios de justiça como equidade pode ser descrita, a partir de um certo ponto de vista, como uma sociedade voluntarista. Esse é mais ou menos o caminho trilhado pelo argumento favorável à justiça como equidade.

É importante lembrar que a posição original é apenas um experimento de pensamento. Não devemos supor que o sucesso do argumento gire em torno do fato de algum grupo real de pessoas ter realmente experimentado estar em algo como uma posição original genuína. O argumento da posição original, ao contrário, representa um modelo idealizado de uma decisão justa. Rawls explicitamente sugere aqui um paralelo com os tipos-padrão de modelos que encontramos na Economia (119-120; 103 Rev.). Os modelos econômicos começam com um conjunto de condições iniciais simplificadas e, em seguida, operando sob a suposição idealizada de que todos os agentes econômicos se comportam de modo a maximizar seu bem-estar pessoal, tiram conclusões sobre quais serão, por exemplo, os preços de equilíbrio. Mesmo quando os preços reais em mercados reais não estão em conformidade com os previstos no modelo, este pode ser extremamente útil. Pode, por exemplo, ajudar-nos a entender por que os preços reais são diferentes dos que o modelo prevê: talvez alguns atores econômicos estejam se comportando de modo irracional, ou talvez haja várias imperfeições do mercado distorcendo os preços. Aproximadamente, da mesma maneira, Rawls espera tirar conclusões sobre os princípios de justiça social com os quais as pessoas racionais concordariam em uma posição original. Mesmo quando as sociedades reais não estão em conformidade com esses princípios, o modelo da posição original pode ajudar a entender por quê: talvez os poderosos tenham imposto coercivamente uma estrutura básica à sociedade, ou talvez o juízo das pessoas sobre a justiça tenha sido indevidamente tendencioso.

Na realização desse exercício de criação de um modelo, Rawls acredita que "devemos defender uma espécie de geometria moral com todo o rigor que essa expressão conota". É claro que, dada a complexidade de muitos problemas políticos e morais, ele admite que a discussão real "ficará aquém disso", mas, não obstante, "é essencial ter em mente o ideal que se gostaria de alcançar" (121; 105 Rev.). Por que Rawls estabelece o rigor dedutivo e geométrico como seu ideal? Lembre-se da nossa discussão anterior sobre o intuicionismo, isto é, que temos boas razões para querer reduzir o máximo possível nossa dependência das intuições morais puras não confiáveis. O modelo da posição original busca conseguir isso, substituindo os juízos morais por juízos prudenciais (juízos sobre aquilo que as pessoas racionais consentiriam a fim de promover seus próprios interesses), sempre que possível. Se pensarmos o modelo da posição original como uma espécie de computador que toma determinados dados e mecanicamente os converte em princípios de justiça social, então só precisaremos depender de dois tipos de intuições comparativamente incontroversas. O primeiro tipo diz respeito às nossas intuições sobre quais seriam as condições de negociação justas. O segundo são nossos juízos sobre o que deve ser verdadeiro em qualquer teoria aceitável de justiça social, por exemplo, em qualquer teoria aceitável, a intolerância religiosa e a discriminação racial devem ser consideradas injustas. A ideia é começar com algo como condições justas de negociação, e ver se os princípios de justiça social gerados pelo modelo assim caracterizado estão de acordo com nossos juízos. Se não estiverem, ajustamos ligeiramente as condições, os nossos juízos, ou ambos, e repetimos o exercício até que, finalmente, depois de muitos ajustes, cheguemos a um equilíbrio reflexivo. Para reiterar o que foi dito anteriormente, Rawls de fato não narra esse longo processo em seu livro, mas apenas relata o que acredita ser seus resultados.

3.6.1 O véu de ignorância

Comecemos, então, com a nossa noção de condições justas de negociação, isto é, as condições que caracterizam o que Rawls chama de uma posição original. "A ideia da posição original", Rawls diz, "é estabelecer um procedimento justo, de modo que quaisquer princípios acordados sejam justos" (136, 118 Rev.). O que teria de ser verdadeiro na posição original para que tivéssemos a expectativa de essa relação se manter? Suponha que algumas das partes na posição original tivessem o poder de coagir os outros a aceitar princípios que os condenassem a realizar todo o trabalho desagradável ou perigoso na sociedade. Se estivéssemos, digamos, sob a mira de um revólver, seria racional aceitar tal acordo, mas não o consideraríamos justo. Isso só mostra o que é óbvio: que as negociações não podem ser consideradas justas quando o uso da força coercitiva é permitido. Se a posição original deve modelar perfeitamente condições justas de negociação devemos excluir o uso da força. Por raciocínio similar devemos excluir a trapaça: se alguns forem autorizados a enganar os outros, não teríamos qualquer razão para acreditar que o acordo representaria necessariamente a justiça. Como diz Rawls, se "a posição original deve permitir acordos que sejam justos, as partes devem estar situadas de maneira justa e ser tratadas de maneira equânime como pessoas morais" (141; 122 Rev.).

Esses dois requisitos são perfeitamente conhecidos de nosso senso comum relativo à negociação de um contrato justo: ninguém acredita que as pessoas devem cumprir contratos com os quais concordaram apenas porque foram coagidas ou enganadas. Na verdade, a exclusão da força e da fraude são tão óbvias que dificilmente Rawls as menciona. Em vez disso, a maior parte do § 24 é dedicada a discutir uma restrição adicional, que ele denomina "véu de ignorância". Embora essa restrição possa parecer estranha e irreal num primeiro momento, é importante perceber que ela é apenas uma extensão da mesma linha básica de pensamento. Ao imaginar o que as pessoas racionais aceitariam *se* estivessem situadas atrás de um véu de ignorância em uma posição original, estamos apenas nos perguntando qual seria o resultado provável das negociações *se* elas fossem conduzidas sob condições as mais justas possíveis. Tem sentido pensar que independentemente do que as pessoas consintam ou concordem sob condições perfeitamente justas, tais condições devam representar a justiça.

Mas o que é o véu de ignorância? Rawls acredita que as deliberações sobre a justiça social serão tão justas quanto possível quando os participantes não conhecerem determinados fatos sobre si mesmos. O autor diz, especificamente, que devemos imaginar que "ninguém conhece seu lugar na sociedade, sua posição de classe ou status social". Em outras palavras, os participantes da posição original não sabem se serão ricos ou pobres, pretos ou brancos, homem ou mulher, e assim sucessivamente. Além disso, ninguém conhece "seu destino na distribuição de talentos e capacidades naturais", isto é, se nascerão com talento para música, com dom para jogar bem algum esporte, ou mesmo se terão qualquer espécie de talento ou capacidade especial. Em terceiro lugar, ninguém conhece sua "concepção de bem" ou "as particularidades de seu plano racional de vida", queira a pessoa tornar-se um ótimo médico, um bom cristão, um especialista em meio ambiente ou qualquer outro profissional. Observe-se que devemos incluir nessa lista não apenas concepções do bem que não podem receber objeção, como essas, mas também aquelas que são dúbias moralmente. Algumas pessoas, por exemplo, sentem prazer em discriminar e oprimir minorias, ou mulheres, ou pessoas de diferente fé religiosa. Todas as sociedades possuem pessoas assim, e por isso devemos presumir que elas também estarão presentes na posição original. É importante ressaltar, porém, que elas não terão como saber se têm essas espécies de preferências. Em quarto lugar, e finalmente, o véu de ignorância impede que os participantes conheçam "as circunstâncias particulares de sua própria sociedade, isto é, não conhecem sua situação econômica ou política, ou o nível de civilização e cultura que tal sociedade terá atingido" (137; 118 Rev.) Embora Rawls não as mencione de modo específico, as "circunstâncias particulares" relevantes aqui incluem um conhecimento da distribuição de concepções do bem, isto é, quantas pessoas são cristãs devotas, ambientalistas dedicados etc.

Embora ofereça alguma dificuldade no início, as razões para cada uma dessas restrições devem ficar bastante claras depois de reflexão cuidadosa. Se eu soubesse que seria branco, ou homem, poderia defender princípios que favorecessem as pessoas brancas ou os homens; se não conhecesse esses fatos, não teria razão para agir assim. A questão do véu de ignorância é, portanto, forçar-nos a pensar sobre o problema da justiça social a partir de um ponto de vista imparcial. O véu de ignorância implementa, por assim dizer, o espírito da filosofia moral de Kant, que discutimos anteriormente (no Capítulo 1). Rawls retorna a essa questão em outra parte de seu livro, o que também faremos quando for oportuno.

Neste momento, contudo, podemos nos perguntar o seguinte: se uma quantidade considerável de informações permanece ignorada pelas partes na posição original, sobre o que devem tratar suas deliberações? Há muito o que discutir, ainda assim. Já que o véu da ignorância encobre o apenas o conhecimento de fatos *particulares*, podemos inferir que os participantes da posição original estão plenamente conscientes de um grande número de fatos relevantes *gerais*. O primeiro grupo de fatos gerais que Rawls discute é o que ele chama de "as circunstâncias da justiça". Em inúmeras ocasiões anteriores, discutimos a ideia de que a sociedade pode ser vista como um sistema de cooperação mútua, caracterizada tanto pelo conflito quanto pela identidade de interesses. Como nos lembra Rawls no início do § 22:

> Há uma identidade de interesses, uma vez que a cooperação social torna possível uma vida melhor para todos, comparativamente à vida que as pessoas teriam se tentassem viver apenas pelos seus próprios esforços. Há um conflito de interesses, pois os homens não são indiferentes quanto à forma como os maiores benefícios produzidos pela sua colaboração são distribuídos, pois, a fim de realizar seus fins, cada um deles preferirá deter uma parcela maior a uma menor. (126; 109 Rev.).

As circunstâncias da justiça são simplesmente os fatos gerais sobre o mundo que geram, simultaneamente, conflito e identidade de interesses em toda sociedade.

Alguns desses fatos são objetivos. Como os seres humanos são sempre vulneráveis a ataques, unir-se para defesa mútua é benéfico a todos. Uma vez que muitos projetos e planos exigem cooperação, termos algum método para coordenar os esforços e atividades de cada pessoa beneficiará a todos. Ao mesmo tempo, infelizmente, também é inegável que a terra e os recursos naturais não são tão abundantes a ponto de que todos possam ter tudo o que desejam. Assim, devemos decidir como os vários benefícios e encargos da cooperação devem ser distribuídos.

As circunstâncias da justiça também incluem, porém, alguns fatos subjetivos. Mesmo que seja verdadeiro que todos se beneficiem com a cooperação social, pessoas diferentes "têm, não obstante, diferentes planos de vida" que "as levam a ter fins e propósitos diferentes e a fazer reivindicações conflitantes sobre os recursos naturais e sociais disponíveis" (127; 110 Rev.). É extremamente importante levar em consideração aqui que Rawls não está afirmando que as pessoas são necessariamente egoístas ou centradas em si mesmas, sempre inclinadas a privilegiar a sua própria vantagem à custa dos outros. Certamente isso se aplica a algumas pessoas, mas não tem nada a ver com o argumento em questão. A questão é apenas que as pessoas terão, inevitavelmente, planos de vida *diferentes*, com base em suas concepções diferentes do bem. Se uma pessoa tiver como objetivo promover a conservação ambiental e outra combater a pobreza, as duas poderão muito bem fazer reivindicações concorrentes aos mesmos recursos escassos, embora nenhuma delas tenha como objetivo levar adiante seu bem-estar pessoal à custa dos outros. Mesmo objetivos perfeitamente benevolentes podem entrar em conflito entre si. Assim, devemos incluir o fato subjetivo que as pessoas tenham concepções diferentes e potencialmente concorrentes do bem entre as circunstâncias da justiça.

Uma vez que esses fatos sobre a natureza da condição humana são gerais, e não particulares, Rawls nos diz que podemos "supor que as pessoas na posição original sabem que essas circunstâncias da justiça prevalecem" (128; 111 Rev.). Em outras palavras, apesar de não conhecerem as características particulares de sua própria sociedade, as partes, na posição original, sabem, sim, que a cooperação social em geral é mutuamente benéfica. Embora não saibam o quanto sua sociedade em particular será favorecida em termos de recursos e de desenvolvimento, sabem que as condições de escassez moderada se aplicam necessariamente. E embora cada participante não saiba o que seu plano de vida ou sua concepção do bem será, sabe que todas as pessoas têm tal concepção e que todas as sociedades inevitavelmente possuem uma diversidade de concepções.

Há muitos outros fatos gerais relevantes que não estão encobertos pelo véu da ignorância. De fato, "as partes presumivelmente sabem quais fatos gerais afetam a escolha dos princípios da justiça" sem limitação (137; 119 Rev.). Por exemplo, embora as partes na posição original não conheçam seu destino particular na loteria natural de talentos ou habilidades, sabem, sim, que os seres humanos em geral têm muitos talentos e capacidades diversos e que as sociedades como um todo podem beneficiar-se quando estes são cultivados e seu uso é coordenado. Com efeito, devemos presumir que os participantes têm acesso integral a toda economia, sociologia, psicologia e ciência natural que possam ser relevantes para sua tomada de decisão (159-159; 137 Rev.). Se a distinção entre o que se conhece e o que não se conhece na posição original parece às vezes arbitrária, precisamos apenas nos lembrar do ponto central do exercício dos modelos econômicos, citados anteriormente. Nosso objetivo é derivar a melhor concepção possível de justiça social. Em geral, devemos supor que mais informações é melhor do que menos, exceto quando forem propensas a tornar os resultados tendenciosos. O papel do véu da ignorância é simplesmente excluir esse último tipo de informação, deixando que as demais passem.

3.6.2 A racionalidade das partes

Até agora, discutimos apenas as condições de negociação da posição original. O que dizer das próprias partes que negociam? Como devemos imaginar que elas são? Novamente aqui, Rawls quer que tenhamos uma série de pressupostos como modelo, que ele discute primeiramente nos §§ 22 e 25. O primeiro é que devemos presumir que "as pessoas na posição original são racionais", com o que ele quer dizer que "ao escolher entre esses princípios cada um tenta ao máximo fazer valer seus próprios interesses" (142; trechos eliminados na edição revisada). Poderíamos aqui pensar o seguinte: como elas fazem isso? Se as pessoas na posição original não conhecem suas concepções particulares do bem, como podem saber o que fará com que seus interesses prevaleçam ou não? A resposta, convenientemente, está de acordo com a ideia de bens primários, apresentada antes. Os bens primários, lembremo-nos, são simplesmente definidos como aquelas coisas que podemos supor que uma pessoa racional quereria, independentemente do que venha a ser sua concepção de bem. Assim, mesmo quando situada em uma posição original, atrás de um véu de ignorância, a pessoa racional sabe que ela "preferiria mais, e não menos, bens sociais primários" (142; 123 Rev.). Esse é um exemplo excelente de como Rawls garantiu com cuidado que as várias partes de sua teoria encaixassem e se complementassem.

Dadas quaisquer duas opções, devemos presumir que as pessoas, na posição original, mesmo que não conheçam sua concepção particular do bem, sempre escolherão a opção com mais bens primários, e não menos, sendo as demais coisas iguais. Isso é o que Rawls quer primeiramente dizer com "a racionalidade das partes". Ele não para aqui, contudo: adiante, insiste que imaginemos que as partes sejam o que pode se chamar de *estritamente* racionais. Indivíduos estritamente racionais são "mutuamente desinteressados" no sentido que "não buscam conferir benefícios ou impor danos uns aos outros [...] Em termos de um jogo, podemos dizer: eles buscam o escore mais alto possível", independentemente dos escores dos outros jogadores (144; 125 Rev.). Com a ajuda da Figura 3.6, podemos facilmente ver a significação desse pressuposto.

Se supusermos que João é racional, é óbvio que ele preferirá a opção II à I, já que não há diferença entre elas, exceto que tanto Maria quanto João receberão maiores quantidades de bens primários em II. A questão mais interessante é se João preferiria a opção III em relação à I. Se ele sofresse de inveja, talvez não, e aceitaria uma quantidade menor para si mesmo, desde que Maria não tivesse uma quantidade maior do que ele. Rawls cria a hipótese de que um "indivíduo estritamente racional não sofre de inveja. Ele não está pronto para aceitar uma perda apenas se os outros perdessem também" (143; 124 Rev.). O outro lado da inveja é o altruísmo. João prefe-

	Parcelas de bens primários			
	I	II	III	IV
Maria	10	15	20	25
João	10	15	15	10

FIGURA 3.6

riria a opção IV às opções II ou III? Se ele fosse suficientemente altruísta, talvez sim. Nesse caso, ele poderia aceitar uma quantidade menor, a fim de que Maria pudesse receber uma maior. Na perspectiva de Rawls, um indivíduo estritamente racional não pensaria dessa maneira. Da mesma forma que João não deveria aceitar uma perda apenas para impedir que Maria ganhasse mais, também não deveria aceitar uma perda apenas para garantir que Maria ganhasse mais. Tudo o que importaria a esse indivíduo seria maximizar sua própria quantidade de bens primários. Em uma linguagem um pouco diferente, poderíamos dizer que Rawls presume que as partes, na posição original, terão apenas preferências que digam respeito a si próprias e não aos outros.

Ambas as partes do pressuposto do mútuo desinteresse são problemáticas para muitos leitores, ainda que por razões opostas: a exclusão da inveja porque, ainda que a inveja seja irracional, é irreal presumir que as pessoas não a experimentem; e a exclusão do altruísmo, porque mesmo que muitas pessoas não sejam frequentemente altruístas, sê-lo não é, obviamente, irracional. Mas por que Rawls insiste no mútuo desinteresse? Não tem nada a ver com suas perspectivas sobre a natureza humana. Em vez disso, sua insistência tem uma base estritamente metodológica: "o postulado do desinteresse mútuo da posição original", diz ele, "garante que os princípios da justiça não dependam de pressupostos fortes". Devemos lembrar que o modelo da posição original deve reduzir nossa dependência de intuições morais puras não confiáveis e, assim, evitar as dificuldades que afetavam o intuicionismo. Tanto quanto possível, buscamos tirar conclusões morais de premissas não morais, e isso acarreta excluir cuidadosamente de nosso modelo considerações morais encobertas. "Uma concepção de justiça não deve pressupor", conforme diz Rawls, "amplos laços de sentimentos. Na base da teoria, tenta-se presumir tão pouco quanto possível" (129; 111-112 Rev.). Com efeito, estaríamos trapaceando em nossa derivação da justiça social a partir da posição original se presumíssemos que as pessoas na posição original já estivessem influenciadas por determinadas considerações morais (pode parecer estranho pensar especificamente a inveja como uma consideração moral, mas se isso fosse permitido na posição original, poderia, por exemplo, levar as partes a atribuir um valor irrazoavelmente alto à igualdade por si só. Permitir o altruísmo, de modo mais óbvio, poderia levar as partes a aceitar irrazoavelmente grandes sacrifícios pessoais para o bem dos outros, como veremos em momento posterior deste livro).

Tendo explicado o pressuposto do desinteresse mútuo, podemos observar que Rawls apresenta dois esclarecimentos ou, talvez, qualificações. O primeiro repete uma questão defendida muito antes (no item 3.3), de que devemos construir a racionalidade mutuamente desinteressada em um sentido amplo e de longo prazo. Sendo indivíduos estritamente racionais, as partes na posição original devem considerar não apenas seus ganhos imediatos de curto prazo, mas também os prováveis efeitos de longo prazo em se adotar uma determinada concepção de justiça social em vez de outra. Isso implica considerar se as pessoas serão capazes de manter o acordo da posição original depois que o véu da ignorância tiver sido levantado e os princípios da justiça social implementados. Desse ponto de vista, os "fatos gerais da psicologia humana e os princípios da aprendizagem moral"– por exemplo, o quanto as pessoas do mundo real (como algo distinto das partes na posição original) são invejosas ou altruístas – "são assuntos relevantes para as partes examinarem. Se uma concepção de justiça não puder gerar sua própria sustentação, ou carecer de estabilidade, esse fato não deve ser ignorado" (145, 125 Rev.). Apesar de um pouco confuso no início, este esclarecimento será importante mais tarde. Embora devamos presumir que as partes na posição original não são, *elas próprias*, nem invejosas, nem altruístas, devemos presumir que levam em consideração fatos psicológicos gerais sobre a inveja e altruísmo que seres humanos *reais* tendem a experimentar, e as condições em que eles tendem a experimentá-los. Esses fatos gerais psicológicos podem argumentar em favor de alguns princípios, em vez de outros, como veremos.

O segundo esclarecimento – sem dúvida, mais uma qualificação do que um esclarecimento – é que devemos presumir que as partes na posição original representam não apenas elas mesmas, mas também "linhas contínuas de reivindicações", como por exemplo, o/a chefe de uma casa se preocupa não só com sua própria parcela de bens primários, mas também com as de seus descendentes. Essa motivação, Rawls se apressa a acrescentar, "não precisa [...] ser perpétua", mas devemos presumir que "se estenda pelo menos por duas gerações" (128). Por algumas complicadas razões técnicas relacionadas a uma discussão posterior da justiça intergeracional, a edição revisada do texto enfraquece essa hipótese, propondo outra exigência alternativa, a de que "as partes concordem com princípios sujeitos à restrição de que desejem que todas as gerações anteriores tenham seguido os mesmíssimos princípios" (Rev. 111). Isso é um problema, porque o argumento central da justiça como equidade na verdade depende da versão anterior do pressuposto, que a edição revisada do texto sugere ser dispensável. Trarei mais informações sobre isso no momento oportuno.[8] Por enquanto, a questão principal é apenas que devemos presumir que as partes, na posição original, quererão fazer valer seus próprios objetivos, e os objetivos de seus descendentes imediatos.

Completamos, então, a caracterização de Rawls à posição original, que ele revisa no final do § 25. Embora pareça a princípio estranha e artificial, a posição original o será muito menos quando nos acostumarmos com a ideia. Com efeito, a partir de um certo ponto de vista, não precisamos pensar na posição original como se fosse uma assembleia. Já que as pessoas na posição original estão impedidas de conhecer qualquer coisa de particular a respeito de si próprias, observa Rawls, "segue-se a consequência muito importante de que as partes não têm uma base a partir da qual possam barganhar, em seu sentido comum" (139; 120 Rev.), isto é, já que ninguém pode calcular que seria particularmente vantajoso adotar um conjunto de princípios em detrimento de outro, não haveria base para tentar obter concessões dos outros como uma condição para que houvesse acordo. O véu de ignorância, na verdade, coloca os participantes em situação perfeitamente igual: desde que cada um seja estritamente racional, podemos esperar que todos serão movidos exatamente pelos mesmos argumentos e chegarão exatamente às mesmas conclusões – o "véu de ignorância torna possível uma escolha unânime de uma determinada concepção de justiça" (140; 121 Rev.). Assim, se quisermos, podemos dispensar a metáfora de uma assembleia geral de cidadãos, e pensar a posição original como um ponto de vista que qualquer um de nós pode adotar para si mesmo em qualquer momento, simplesmente colocando-se no correto quadro mental. Para descobrir o que é a justiça social, precisamos apenas refletir sobre os princípios da justiça social que escolheríamos para nós mesmos quando colocamos de lado as particularidades de nossa própria posição na sociedade, e pensar o problema a partir de um ponto de vista estritamente imparcial. O véu de ignorância é meramente um auxílio para tornar esse experimento do pensamento mais vívido e, portanto, mais fácil de executar.

Questões para estudo

1. Quais são os benefícios e as limitações de se interpretar o contrato social como um procedimento hipotético modelar?
2. Rawls faz uma divisão rígida entre as informações excluídas pelo véu de ignorância na posição original e as informações não excluídas?

3.7 A APRESENTAÇÃO DE ALTERNATIVAS (§§ 21, 23)

Agora que Rawls completou sua caracterização da posição original, o próximo passo seria, por assim dizer, "deixar o modelo rodar", isto é, imaginar pessoas racionais mutuamente desinteressadas atrás de um véu de ignorância, e derivar os princípios de justiça social que suas deliberações gerariam. Não é bem assim que Rawls procede, porém. Em vez disso, ele imagina que às partes na posição original se apresenta uma pequena lista de teorias, e que depois se pergunta a elas qual é a preferida. Isso quer dizer que suas perspectivas foram reduzidas: seu argumento, mesmo que bem-sucedido, apenas mostrará que a justiça como equidade é melhor do que as alternativas mencionadas, não que ela é a melhor teoria da justiça social possível. Dado que esta, de acordo com o que ele mesmo admite, "é uma maneira insatisfatória de continuar" (123; 106 Rev.), podemos nos perguntar por que ele optou pela rota mais modesta.

Sua primeira consideração é que uma estratégia mais abrangente colocaria um fardo muito grande sobre os "poderes intelectuais" das partes na posição original. Assim, "não há garantia de que as partes poderiam escolher a melhor opção; os princípios mais preferíveis poderiam ser negligenciados" (122; 106 Rev.). Mas isso é pouco convincente, dado que já fizemos um grande número de suposições irreais sobre a capacidade das partes. Que mal poderia haver em fazer mais uma? A melhor explicação não está nos poderes intelectuais limitados das partes, mas sim nos nossos. Como *nós* não podemos imaginar todas as concepções possíveis de justiça social, não podemos implementar o modelo de uma forma totalmente satisfatória. O melhor que podemos fazer é elaborar uma lista das várias concepções de justiça com as quais estamos atualmente familiarizados, e submetê-las, pelo menos, ao experimento da posição original. Naturalmente, é sempre possível acrescentar novas concepções à lista à medida que as conhecemos, mas, por enquanto, o resultado mais forte que podemos gerar é que a justiça como equidade é melhor do que qualquer uma das alternativas conhecidas. Rawls, para seu crédito, é, pelo menos, honesto sobre essa limitação. Dado o contexto histórico em que escreveu *Uma teoria da justiça*, deve ser bastante óbvio que a pequena lista de alternativas deve incluir: a justiça como equidade, o utilitarismo e o intuicionismo. Dado que o utilitarismo era, naquela época, amplamente considerado como a mais poderosa e impositiva concepção de justiça social disponível, mesmo a conclusão relativamente modesta de que as pessoas racionais na posição original prefeririam a justiça como equidade ao utilitarismo é um resultado excepcionalmente importante. Assim, chegar a esse resultado é o principal fardo que Rawls carrega em *Uma teoria da justiça*. Não é o seu único resultado, porém, e vale a pena parar e discutir a lista oficial de alternativas detalhadamente.

Rawls primeiro propõe uma lista de alternativas no § 21. Esta lista (como esperado) inclui a justiça como equidade, o utilitarismo e o intuicionismo, juntamente com o egoísmo e algumas poucas possibilidades que discutiremos adiante. Contudo, essa não será a sua lista final. Mais tarde (no § 23), o autor introduz o que chama de "restrições formais" às concepções aceitáveis de justiça social, e ocorre que estas geram alguns ajustes à lista. O que Rawls quer aqui? Sua terminologia talvez seja um pouco "enganadora". Pode-se supor que "restrições formais" devam ser restrições sobre a forma que uma concepção pode tomar para ser considerada como concepção de justiça social. Mas não é assim que Rawls explica as restrições. Pelo contrário:

> A propriedade dessas condições formais deriva da tarefa dos princípios de correção no ajuste das reivindicações que as pessoas fazem em suas instituições e entre si. Se os princípios de justiça tiverem de desempenhar o seu papel, o de atribuir direitos e deveres básicos e o de determinar a divisão de privilégios, esses requisitos são naturais o suficiente. (131, 113 Rev.)

Lembre-se de que, conforme discussão anterior (na Seção 3.3), as partes na posição original devem considerar não apenas as suas vantagens a curto prazo, mas também os seus interesses de longo prazo, amplamente entendidos. Alguns destes últimos se relacionam com as várias funções a que uma concepção de justiça social deve servir, principalmente o seu papel na resolução de litígios reais relativos à estrutura básica da sociedade. Resulta daí que as partes na posição original simplesmente excluirão quaisquer teorias que não possam desempenhar essas funções necessárias. (É interessante o fato de que agirão assim mesmo se não houver véu de ignorância, uma vez que as considerações em questão são relevantes para todos independentemente de sua posição social.) Se é assim que devemos interpretar as restrições formais, parece então que Rawls está colocando o carro um pouco à frente dos bois, antecipando como as deliberações da posição original procederão antes de terem oficialmente começado. Mas presumindo que as várias restrições formais sejam de fato plausíveis, essa pequena precipitação simplifica grandemente a discussão que o autor fará mais tarde, podando a lista de alternativas implausíveis e estabelecendo restrições sobre os tipos de propostas e argumentos que serão realmente admissíveis na posição original.

Rawls indica que há cinco restrições formais em quaisquer princípios aceitáveis de justiça social. A primeira é que "os princípios devem ser gerais, isto é, deve ser possível formulá-los sem o uso do que seria intuitivamente reconhecido como nomes de uma pessoa ou condições definidas manipuladas" (131; 113 Rev.). A segunda é que "os princípios devem ser universais em sua aplicação. Eles devem ser válidos para todos em virtude de serem pessoas morais" (132; 114 Rev.). Embora relacionadas, essas restrições são distintas. Por exemplo, o princípio de que "todos deveriam servir aos interesses de Maria" é universal (todos devem servir à mesma regra), mas não geral (já que se refere à Maria em particular). Como contraste a isso, o princípio de que "os homens devem realizar todos os trabalhos compensadores da sociedade" é geral (nenhuma pessoa em particular é citada), mas não universal (já que as mulheres, presumivelmente, devem seguir uma regra diferente). Dado o véu de ignorância, é claro, essas restrições são redundantes: seria insensato alguém defender o princípio "todos deveriam servir aos interesses de Maria" se eles não sabem se são ou não Maria. Da mesma forma, ninguém proporia que os homens monopolizassem os melhores empregos se não conhecesse o seu próprio gênero. De acordo com Rawls, no entanto, generalidade e universalidade não são meramente o resultado provável de deliberações por trás de um véu de ignorância, mas, mais fortemente, as restrições sobre concepções admissíveis de justiça social, em primeiro lugar. No que diz respeito à generalidade, o autor afirma que será necessária se uma concepção "for capaz de servir como um documento público de uma sociedade bem ordenada perpetuamente". Isso porque o conhecimento dos princípios relevantes da justiça "deve ser aberto a indivíduos de qualquer geração. Assim, entender esses princípios não deve exigir um conhecimento de particularidades contingentes" (131-132; 114 Rev.). Mas não fica claro se o raciocínio de Rawls é bom aqui. Os princípios da monarquia hereditária, por exemplo, não atenderiam à generalidade (na medida em que incluem a especificação de uma linhagem real, com nomes), mas, não obstante, foram perfeitamente capazes de historicamente governar sociedades altamente estáveis. No que diz respeito à universalidade, o autor meramente afirma que sua derivação "tem uma base comum" com a da generalidade (133; 115 Rev.). Por razões semelhantes, podemos pôr em dúvida se esse é realmente o caso. Felizmente, para Rawls, nada depende muito dessa questão, uma vez que o véu da ignorância fará o trabalho necessário em qualquer caso.

A terceira restrição formal é a "publicidade". Essa exigência obriga as partes na posição original a escolher "princípios para uma concepção pública de justiça" (133; 115 Rev.). Em outras palavras, elas devem imaginar uma sociedade em que todos aceitem e saibam que os outros aceitam os princípios reais de justiça que estão governando sua sociedade. Isso exclui, por exemplo, um cenário no qual as partes na posição original concordam em fazer lavagem cerebral em si mesmos e em seus descendentes para que não fiquem cientes da verdadeira base e da verdadeira justificativa para a estrutura básica que governará suas vidas. Ao contrário das duas primeiras restrições, a publicidade, com efeito, flui naturalmente da nossa compreensão do papel distintivo que uma concepção de justiça social deve ter, pois é difícil entender como uma concepção poderia resolver satisfatoriamente reais disputas políticas entre cidadãos para quem ela foi mantida em segredo. Rawls acrescenta aqui a observação de que a publicidade parece estar implícita em qualquer filosofia política ou moral kantiana. Para que a sociedade seja, sob qualquer sentido, um esquema voluntário, governado por princípios que os cidadãos escolheram para si mesmos, eles certamente devem estar cientes dos princípios que escolheram.

Também não há qualquer dificuldade com a quarta e com a quinta restrição formal. Se uma concepção de justiça social tiver de ser eficaz em seu papel distintivo, deve, obviamente, ser capaz de gerar uma classificação ordenada completa e coerente de estruturas básicas viáveis, da melhor à pior. Rawls não dá um nome a essa quarta condição, mas podemos nos referir a ela como restrição de *eficácia*. Por razões semelhantes, qualquer concepção aceitável de justiça social deve observar a "finalidade", no sentido de que "não existem padrões mais elevados aos quais os argumentos em apoio às reivindicações devem ser dirigidos; raciocinar com sucesso a partir desses princípios é conclusivo" (135; 116 Rev.). Esta quinta e última restrição seria violada, por exemplo, por um princípio de que referisse certas disputas relativas à estrutura básica da autoridade escritural, isto é, para um conjunto de critérios externos que estão além dos próprios princípios de justiça.

Embora Rawls não o diga explicitamente aqui, a eficácia e a finalidade com efeito excluem o intuicionismo como concepção aceitável de justiça social. Isso pode-se inferir a partir de nossa discussão anterior. Lembre-se de que uma característica distintiva do intuicionismo é que ele compreende uma pluralidade de princípios morais independentes. Uma vez que esses princípios podem classificar diferentemente as possíveis estruturas básicas, o intuicionismo não produzirá uma ordenação geral coerente. Além disso, ao resolver conflitos entre os seus vários princípios, o intuicionismo nos remete às nossas intuições morais básicas, é dizer, a uma autoridade externa àqueles próprios princípios. O intuicionismo simplesmente não pode satisfazer as funções exigidas de uma concepção de justiça social. Não é, portanto, nenhuma surpresa que não haja quase nenhuma discussão adicional sobre o intuicionismo no texto depois de sua aparição na lista de alternativas no § 21; a partir de agora, não mais o consideraremos nesta discussão.

Sobram então a justiça como equidade, o utilitarismo, o egoísmo, e alguns outros. A seguir, observaremos várias possíveis interpretações para o egoísmo. De um lado, podemos querer dizer que o egoísmo é algum princípio de justiça em que "todos devem servir os meus interesses" ou "todos devem obedecer às regras, menos eu." Mas essas espécies de egoísmo em primeira pessoa estão claramente excluídas pelas restrições formais da generalidade e da universalidade. Mesmo que não estejamos convencidos pela afirmação de Rawls de que essas exigências podem ser derivadas das exigências funcionais de uma concepção aceitável da justiça, elas, ainda assim, claramente não "passarão pela revista" do véu de ignorância. Já que não sei quem sou na posição original, não há maneira de garantir que virei a ser a pessoa a cujos interesses todos devem servir, ou a pessoa que ignora as regras. O que não está excluído pelas restrições formais, porém, é o princípio do egoísmo geral, de acordo com o qual "cada pessoa pode fazer qualquer coisa que, em sua opinião, mais provavelmente venha a contribuir para realizar seus próprios objetivos" (136, 117 Rev.). Mas não está claro, em absoluto, que essa seja uma concepção de justiça social, na medida em que não faz nada para resolver disputas ou executar qualquer das outras funções que tal concepção tal deve executar. Em vez disso, diz Rawls, devemos entender "o egoísmo geral como um ponto em que não há acordo. É aquilo em que as partes estariam presas se fossem incapazes de chegar a um entendimento" (136; 118 Rev.).

O egoísmo geral, devemos observar, não é, em absoluto, a mesma coisa que libertarianismo, o qual implicaria um acordo positivo para respeitar e fazer valer alguma agenda de direitos individuais, juntamente com as regras de um mercado perfeitamente livre. Ou seja, o libertarianismo é equivalente à justiça como equidade na interpretação de "sistema de liberdade natural" (em vez de "igualdade democrática") de seu segundo princípio. O libertarianismo não aparece na lista oficial de alternativas de Rawls, mas deveria; sua ausência é explicada pelo foco de Rawls ser o de derrotar o utilitarismo. Na medida em que Rawls, mais tarde, apresenta argumentos que serão eficazes contra o libertarianismo, a sua inclusão não causará problemas.

Para completar a lista oficial de alternativas apresentadas às partes na posição original, precisamos apenas de dois outros itens. O primeiro é o perfeccionismo. Lembre-se de nossas discussões anteriores (no subcapítulo 3.2) de que uma teoria teleológica da justiça é aquela que define o bem independentemente do correto, e o correto como a maximização do bem. O utilitarismo é a teoria teleológica na qual o bem é definido como felicidade, mas se definirmos o bem como a realização de alguma forma específica de excelência humana (realização artística, execução da vontade de Deus, etc.), teremos algo diferente – uma teoria de justiça social teleológica e perfeccionista. Rawls agrupa todas as teorias perfeccionistas sob essa classificação juntamente com o utilitarismo, embora isso não seja estritamente correto, já que algumas teorias perfeccionistas podem rejeitar o princípio da maximização. Por exemplo, uma concepção teológica tradicional pode definir a justiça social como sendo algo que honra a vontade de Deus por meio da observação estrita de determinadas práticas religiosas. Isso nos daria uma concepção perfeccionista, mas não teleológica (isto é, deontológica). Nada no argumento subsequente de Rawls contra o perfeccionismo depende deste ponto, porém.

O outro item de nossa lista consiste em uma família do que Rawls chama de "concepções mistas" (124; 107 Rev.). Trata-se de concepções que misturam e se encaixam em componentes diferentes das teorias que já discutimos. Obviamente, podemos imaginar qualquer número de concepções híbridas desse tipo, mas apenas uma delas será significativa para a linha de argumentação principal que se segue: a concepção mista em que substituímos o segundo princípio de justiça com equidade pelo princípio da utilidade. Isso equivale a dizer que nessa concepção mista a estrutura básica deveria organizar as desigualdades sociais e econômicas de modo a maximizar a soma total de felicidade, sujeita à exigência do primeiro princípio de que cada pessoa tem um direito igual a um esquema completamente adequado de liberdades básicas iguais.

Nossa agenda final e oficial de concepções alternativas apresentadas às partes na posição original é, então, algo que se parece com o que segue:

1. Justiça como equidade, na interpretação de igualdade democrática do segundo princípio.
2. Libertarianismo (isto é, justiça como equidade na interpretação do sistema de liberdade natural do segundo princípio).
3. Utilitarismo.
4. Perfeccionismo (teleológico ou não).
5. Concepções mistas, incluindo: o primeiro princípio da justiça como equidade juntamente com um princípio de maximização da utilidade no lugar do segundo princípio.

Se não houver concordância em relação a essas alternativas, as partes disporão apenas do egoísmo geral. O problema com que Rawls agora se depara é demonstrar que pessoas racionais mutuamente desinteressadas, situadas atrás de um véu de ignorância em uma posição original, escolheriam a primeira opção em vez das outras. Mais uma observação: cada uma dessas alternativas é expressa de forma que "se sustenta incondicionalmente, isto é, quaisquer que sejam as circunstâncias ou estado da sociedade. Nenhum desses princípios depende de certas condições sociais ou de outras condições" (125; 108 Rev.). Em outras palavras, não encontramos concepções como esta: "justiça como equidade se nossa sociedade for economicamente desenvolvida; utilitarismo nos demais casos" ou "justiça como equidade se a nossa sociedade for protestante; perfeccionismo, se for católica; e utilitarismo nos demais casos". Por que não permitir concepções condicionais como essas? Uma razão óbvia, observa Rawls, é que a exclusão de tais possibilidades é necessária para manter a discussão em nível razoavelmente simples. A razão mais profunda, porém, é que uma concepção condicional, na verdade, é uma concepção incondicional disfarçada. Suponha que perguntemos por que a justiça como equidade é apropriada para as sociedades desenvolvidas, mas não para as subdesenvolvidas. Presumivelmente, se a concepção condicional tiver alguma base não arbitrária, deverá haver uma resposta em nível mais alto de generalidade. Isso pode ser assim porque o que realmente importa são os interesses básicos do indivíduo, e estes são mais bem servidos pela justiça como equidade em um contexto e pelo utilitarismo em outro. Mas isso em si é realmente uma concepção incondicional, e por isso deve ser acrescentada à nossa lista com as outras. A dificuldade com as concepções expressas como grupos de contingências é que elas "escondem a sua própria base" (125; 108 Rev.). O que pertence à lista são concepções especificadas na sua forma direta e incondicional.

Questões para estudo

1. É justo dispensar o intuicionismo por razões de eficácia e finalidade? Uma versão revisada do intuicionismo pode servir como concepção aceitável da justiça social?
2. A lista de alternativas está razoavelmente completa? Que outras concepções significativas da justiça devem ser consideradas pelas partes?

3.8 O ARGUMENTO EM PROL DA JUSTIÇA COMO EQUIDADE (§ § 26-30, 33)

Finalmente, chegamos ao cerne do texto – o argumento oficial para os dois princípios de justiça como equidade. Rawls começa, na abertura do § 26, com uma linha breve e informal de raciocínio, que poderia naturalmente nos levar em direção a algo como a justiça como equidade. Isso prepara o ambiente para a demonstração detalhada que se seguirá.

Imagine uma pessoa racional em uma posição original, por trás de um véu de ignorância. Em que tipo de sociedade ela escolheria viver se não soubesse qual seria seu papel na sociedade? Nosso primeiro pressentimento seria o de que ela certamente optaria por uma sociedade perfeitamente igualitária. A posição dessa pessoa é semelhante à do primeiro filho do fazendeiro falecido, descrito no Capítulo 2, encarregado de dividir o rebanho de seu pai em lotes. Já que o segundo filho simplesmente escolherá o melhor lote se eles forem significativamente diferentes, o primeiro filho agirá melhor para si mesmo se dividir os lotes igualmente. Da mesma forma, não sabendo qual será seu papel na sociedade, uma pessoa na posição original não pode necessariamente "esperar mais do que uma parte igual na divisão" de vantagens; e uma vez que "não é racional para ela concordar com menos" do que uma parte igual, o que há de sensato a fazer é começar com um princípio que "requeira uma distribuição igual" (150; 130 Rev.).[9] Porém, considere a Figura 3.7. Imagine que os números em cada coluna representam o conjunto de bens primários que um membro médio de cada grupo de cidadãos pode esperar receber sob diferentes estruturas básicas; a título de argumento, podemos supor que os cinco grupos representam classes sociais de tamanho razoavelmente igual. A estrutura básica I representa talvez uma sociedade perfeitamente igualitária, socialista. Alguém na posição original escolheria I em vez das outras opções? Talvez não. Compare essa opção com a estrutura básica II, que talvez represente uma sociedade amplamente socialista na qual algumas reformas de mercado foram introduzidas. Essas reformas estimularam a atividade empreendedora; como resultado, embora agora haja algumas desigualdades na distribuição de bens primários, a maior parte dos indivíduos espera maiores quantidades no geral, comparativamente com a sociedade perfeitamente igualitária. Uma pessoa estritamente racional – que não sofresse de inveja, digamos – em uma posição original, por trás de um véu de ignorância, preferiria com certeza II a I, uma vez que, independentemente do grupo que será o seu, sua parcela de bens primários será maior no geral.

"Se há desigualdades [...] que fazem com que todos se sintam melhor em comparação com o padrão de igualdade inicial", pergunta Rawls, "por que não permiti-las?" (151; 130-131 Rev.). Entende-se facilmente que o mesmo raciocínio levará as pessoas em uma posição original a preferir a situação III à situação II ou à situação I. A estrutura básica III representa talvez uma sociedade capitalista mista, com programas sociais bastante robustos e uma estrutura progressiva de impostos.

Mas consideremos a seguir a estrutura básica IV, representando talvez uma sociedade capitalista pura, sem qualquer programa de bem-estar social ou impostos progressivos. Segundo as teorias econômicas-padrão com que estamos familiarizados, uma sociedade capitalista pura será a sociedade economicamente mais produtiva e próspera. Assim, a soma total de bens primários na coluna quatro é maior do que em qualquer outra. (A estrutura básica V talvez represente uma sociedade plutocrática em que as instituições políticas e sociais favorecem os ricos, tanto quanto possível, melhorando ainda mais a posição dos mais privilegiados, mas com menor produtividade global do que o capitalismo puro). Se o nosso objetivo fosse simplesmente maximizar a soma total de bens primários produzidos na sociedade, escolheríamos a estrutura básica IV, e não a III. Mas seria essa a meta que as pessoas adotariam a partir do ponto de vista da posição original? De acordo com Rawls, não. Observe que, apesar de existirem mais bens produzidos em tal sociedade, os grupos menos favorecidos estão em posição ruim; na verdade, os três quintos inferiores da sociedade estão em pior condição na estrutura básica IV do que estariam sob a estrutura básica III. Assim, Rawls considera que seria perfeitamente sensato na posição original optar por III, a estrutura básica que maximiza as perspectivas do grupo menos favorecido. Isso (muito aproximadamente) corresponde à recomendação da justiça como equidade.

Essas observações informais, de acordo com Rawls, sugerem apenas que "os dois princípios são, pelo menos, uma concepção plausível de justiça. A questão, porém, é como se deve defendê-los de forma mais sistemática" (152, 132 Rev.). Essa é tarefa da segunda metade do Capítulo 3, §§ 26-30. Esses parágrafos são os dois mais importantes, e provavelmente os mais difíceis, de todo o livro. Parte da dificuldade

Cidadãos:	Estruturas básicas				
	I	II	III	IV	V
Grupo A	10	21	28	36	39
Grupo B	10	17	22	25	21
Grupo C	10	14	15	14	10
Grupo D	10	12	13	11	8
Grupo E	10	11	12	9	5

FIGURA 3.7

decorre do fato de que, embora não esteja claro no texto, a linha principal do argumento realmente tem duas fases distintas, que o leitor deve identificar por si mesmo. Outra dificuldade vem do fato de que há, paralelamente à linha de argumento central, uma discussão secundária sobre a escolha entre o que Rawls chama de versões "média" e "clássica" do utilitarismo. Essa discussão lateral, ou secundária, é muito menos significativa do que Rawls acreditava. A reconstrução seguinte tentará reduzir essas confusões, de modo a apresentar a principal linha de raciocínio de Rawls à luz mais persuasiva e atraente.

3.8.1 O argumento das liberdades básicas

Uma maneira de pensar sobre o argumento de Rawls é imaginar uma série de comparações, em pares, entre a justiça como equidade, de um lado, e os seus vários concorrentes (a partir da lista de alternativas discutidas anteriormente), por outro. Se examinarmos cada combinação possível na lista, e a justiça como equidade surgir como vencedora todas as vezes, nosso argumento estará completo, e a justiça como equidade terá, digamos, vencido. A comparação mais importante, naturalmente, é a da justiça como equidade com o utilitarismo e, por isso, Rawls começa por ela.

Essa primeira comparação depende em grande parte do que Rawls chamou de "liberdades básicas". Estas, lembremo-nos, são imaginadas em uma lista que inclui coisas como a liberdade de expressão e reunião, liberdade religiosa e liberdade de consciência, liberdade da pessoa, e assim por diante. A justiça como equidade concederia liberdades básicas iguais a todos incondicionalmente, conforme especificado em seu primeiro princípio. O utilitarismo, ao contrário, não o faria. Isso não quer dizer que em uma sociedade governada pelo utilitarismo não haveria tais direitos e liberdades, mas sim, que os nossos direitos e liberdades seriam dependentes das circunstâncias sociais e históricas inerentes à nossa sociedade. Por exemplo, em algumas circunstâncias ocorrerá que a infelicidade de ser escravo é muito maior do que a felicidade de possuir escravos. Se assim for, as instituições utilitaristas protegerão a nossa liberdade contra a escravidão. Ou ainda, em algumas circunstâncias, pode acontecer que o prazer que algumas pessoas encontram em oprimir as minorias religiosas não é simplesmente grande o suficiente para compensar a tristeza dessas minorias oprimidas. Se assim for, as instituições utilitaristas protegerão nossa liberdade religiosa. E assim por diante. Em uma sociedade governada pelo utilitarismo, os cidadãos gozarão de direitos específicos e liberdades na medida em que a institucionalização deles puder – dadas as circunstâncias sociais particulares e históricas dessa sociedade – maximizar a soma total de felicidade, mas não o contrário.

A questão que está diante de nós, então, pode ser exposta mais claramente: do ponto de vista da posição original, por trás de um véu de ignorância, que princípios de justiça uma pessoa estritamente racional preferiria? Os princípios que garantam liberdades básicas iguais incondicionalmente (justiça como equidade), ou os princípios que as ofereçam porque fazê-lo pode levar a esperar que se maximize a soma total de felicidade (utilitarismo)?

Já que as pessoas na posição original, por trás de um véu de ignorância, não conhecem as circunstâncias particulares de sua sociedade, nem sua posição nela, devem considerar isso um problema de escolha, sob a incerteza. Normalmente, o método sensato para lidar com a incerteza é calcular ganhos e perdas esperadas, e selecionar a opção com os maiores ganhos esperados. Suponha, por exemplo, que recebamos uma oportunidade de escolher entre receber, com certeza, 10 dólares, ou 1.000 dólares, por probabilidade p ou nada mais. Nesse caso, seria racional aceitar a aposta se $p>10/1.000$ ou 0,01. Esse pode não ser sempre o melhor método, contudo. Rawls argumenta que o método mais sensível para lidar com certos tipos especiais de incerteza é maximizar o mínimo ("maximin"), isto é, selecionar a opção cujo pior resultado possível seja tão bom quanto possível. A diferença entre esses métodos pode ser ilustrada com a ajuda da Figura 3.8. Suponhamos que esperemos que cada resultado possível seja igualmente provável, independentemente da opção que escolhamos. Com o método usual para lidar com a incerteza, a opção A pareceria melhor, porque seu ganho esperado $(50 + 14 - 10)/3 = \$ 18$ é maior do que o das outras opções. O método maximin, ao contrário, nos levaria a selecionar a opção C, já que o seu pior resultado (no valor de $9) é melhor do que o pior dos resultados da opção A (cujo valor é -$10) ou da opção B (cujo valor é $8). Essencialmente, maximin é uma abordagem de *minimização de risco* para a incerteza.

Quando devemos empregar esse método no lugar do método usual? Rawls menciona três características ou condições dos cenários em que o método maximin seria a abordagem mais sensata: primeiro, quando temos pouca ou nenhuma base para estimar as probabilidades associadas a resultados diferentes; segundo, quando damos pouco ou nenhum valor a ganhos acima do melhor resultado mínimo que podemos garantir; e terceiro, quando alguns dos possíveis maus resultados são inaceitavelmente maus. Rawls não acredita que todas as situações ou, mesmo a maioria delas, tenham essa característica específica. Ele argumenta no § 26, contudo, que "a posição original manifesta essas características no mais alto grau possível" (153; em 133 Rev., o autor ameniza a frase para "em um grau muito alto").[10]

Em relação à primeira condição, há dois tipos de incerteza a considerar. O primeiro se relaciona às circunstâncias particulares da sociedade. Por exemplo, pode

	Resultados Possíveis (em dólares)		
Opção A:	-10	14	50
Opção B:	15	8	10
Opção C:	9	10	10

FIGURA 3.8

ser provável, embora não certo, que tal sociedade seja uma sociedade em que a escravidão de fato não aumentaria a soma total de felicidade. O segundo se relaciona à sua própria posição naquela sociedade. Se houver escravidão, há alguma probabilidade de que você se torne um escravo, e alguma probabilidade de que não se torne. De acordo com Rawls, "o véu de ignorância exclui todo [...] o conhecimento de probabilidades" e, assim, "as partes não têm base para determinar a natureza provável de sua sociedade, ou de seu lugar nela" (155; 134 Rev., levemente modificada). Essa frase meramente afirma o que Rawls precisa demonstrar, e a demonstração no § 26 parece estar ausente. Dado o conhecimento de ciência social em geral permitido às partes na posição original, por que elas não podem estimar as probabilidades relevantes?

Mais tarde, no § 28, Rawls oferece algumas considerações, mas elas pouco fazem para sustentar seu argumento. Em primeiro lugar, ele sugere que, na ausência de conhecimento específico sobre as circunstâncias da sociedade, é mais razoável atribuir probabilidade igual a todas as possibilidades (168-169; 145-146 Rev.). Mas, longe de nos dar uma razão para empregar o método maximin, isso nos oferece um meio para persistir com o método usual de cálculo de ganhos e perdas esperados na ausência de informações mais detalhadas; além disso, funcionaria para beneficiar a justiça como equidade somente se a probabilidade de os piores resultados (terminar como escravo) for, na realidade, muito menor do que sugeriria um peso igual de todas as probabilidades. Em segundo lugar, Rawls ressalta que, uma vez que as partes em uma posição original não conhecem suas concepções particulares do bem, não podem dizer como avaliariam comparativamente sua infelicidade em ser um escravo, por exemplo, em relação a sua felicidade por não sê-lo; assim, os valores esperados dos vários resultados a serem considerados não estão definidos (173-175; 150-152 Rev.). Mas esta sugestão também é intrigante, na medida em que os ganhos e perdas esperados certamente podem ser calculados em termos de bens primários, que foram introduzidos precisamente para o uso em uma posição original na qual o conhecimento da concepção particular que alguém tenha do bem não é permitida.

No que diz respeito à primeira condição, Rawls não está, então, em seu campo mais forte. Talvez não seja surpresa, portanto, que a segunda e a terceira condições figurem mais destacadamente em apresentações subsequentes do argumento (por exemplo, Rawls 2001: 97-104). Em *Uma teoria da justiça*, o argumento que depende das duas últimas características está esboçado apenas de maneira vaga no § 26; muito mais clara é a discussão no § 33, que podemos usar aqui para esclarecer a intuição subjacente de Rawls. A segunda condição, lembre-se, é obtida quando damos pouco ou nenhum valor aos ganhos que estão acima do melhor resultado que podemos atingir com certeza; e a terceira, quando alguns dos possíveis maus resultados sejam inaceitavelmente maus. Com relação à segunda condição, a justiça como equidade garante liberdades iguais básicas incondicionalmente para todos por meio do seu primeiro princípio, independentemente das circunstâncias da sociedade. Isso, podemos acreditar de maneira sensata, não é em absoluto mau. É claro que, sacrificando-se as liberdades básicas de alguns, podemos garantir benefícios adicionais (acima das liberdades básicas) para os outros, mas não está óbvio que esses benefícios adicionais contribuiriam muito quando comparados com a grande importância das próprias liberdades básicas. Muito mais pertinentes, porém, são os graves perigos associados com a opção pelo utilitarismo (agora em destaque está a terceira condição). Lembre-se de que, bastante diferente da perspectiva sombria de tornar-se um escravo, as partes na posição original estão cientes de que detêm concepções particulares do bem – que elas têm "interesses morais, religiosos ou filosóficos que não podem colocar em risco". Elas não sabem qual é sua concepção particular do bem, porém, nem qual é a distribuição de tais concepções na sociedade – "se, por exemplo, são distribuídas na maioria ou na minoria" (206; 180-181 Rev.). Suponha que acabemos sendo um cristão em uma sociedade em grande parte pagã; o equilíbrio de preferências pode ser tal que favoreça (em termos utilitaristas) a opressão dos cristãos, o que seria um desastre para nós. Por que assumir esse risco, dado que temos a segurança oferecida pela justiça como equidade como alternativa? Com efeito, de acordo com Rawls, "jogar desta forma demonstraria que não levamos nossas convicções religiosas ou morais a sério" (207; 181 Rev.).

Suponha que uma pessoa na posição original estivesse preparada para aceitar esse perigo, mas, talvez, com base no pressuposto de que, provavelmente, acabasse fazendo parte da maioria no final das contas. Ela deve então considerar o fato de que o perfil preferencial da sociedade é passível de mudar ao longo do tempo. A esse respeito, lembre-se de que as partes devem assumir cuidar não só de seus próprios interesses, mas também dos interesses de seus descendentes; assim, qualquer "escolha de princípios deve ser razoável para [...] seus descendentes, cujos direitos serão profundamente afetados" também pela decisão tomada na posição original (155;134 Rev.). Mesmo se essa pessoa disposta a jogar acabasse sendo um pagão em uma sociedade cuja maioria é pagã, o fato traria pouca tranquilidade para seus descendentes se o equilíbrio de preferências mais tarde mudar a favor dos cristãos. As partes na posição original, lembremo-nos, devem agir como garantidores dos interesses de seus descendentes. Pelo fato de essa pessoa disposta a jogar não poder ter certeza de quais serão os interesses específicos de seus filhos e netos, seria "irresponsável" para ela "não garantir os direitos de seus descendentes" (209; 183 Rev.).

Contrariamente ao utilitarismo, a justiça como equidade corrige e estabelece liberdades básicas iguais incondicionalmente, independentemente das circunstâncias particulares da sociedade, agora ou no futuro. Sem dúvida, Rawls acredita que "as partes prefeririam garantir suas liberdades imediatamente, em vez de torná-las dependentes daquilo que poderiam ser incertos e especulativos cálculos atuariais" relativos às circunstâncias particulares de sua sociedade. Mesmo que conjecturemos que o equilíbrio das preferências na sociedade *sempre* favorecerá a concessão de liberdades básicas iguais em termos utilitaristas pragmáticos,

> há, não obstante, uma vantagem real no fato de as pessoas anunciarem umas às outras, de uma vez por todas... que não querem que as coisas tivessem sido diferentes. Uma vez que na justiça como equidade as concepções morais são públicas, a escolha dos dois princípios é, com efeito, tal anúncio. (160-161; 138-139 Rev.)

Isto é: ao optar pela justiça como equidade, efetivamente anunciamos, como sociedade, que não *queremos* nunca que o equilíbrio das preferências mude e favoreça a escravidão, a opressão das minorias religiosas, e assim por diante. Esse anúncio público representa um acordo entre as partes de respeitarem-se permanentemente como cidadãos iguais.

Muitas pessoas consideraram o argumento contra o utilitarismo, a partir das liberdades básicas, extremamente convincente. Se nós também estamos convencidos, Rawls conseguiu, então, realizar sua principal tarefa: a de demonstrar a superioridade da justiça como equidade sobre o utilitarismo. Nos §§ 27-28, o autor pretende expandir e fortalecer ainda mais o resultado a que chegou, ainda que por meio de um argumento confuso sobre a diferença entre o que ele chama de utilitarismo "médio" e utilitarismo "clássico". Uma vez que esse aspecto da discussão pouco acrescenta ao argumento, podemos ser breves em nosso resumo de seus pontos principais. *Grosso modo*, Rawls observa que a formulação tradicional do utilitarismo, na qual em muito nos baseamos, é ambígua em um determinado ponto. Essa ambiguidade, acredita Rawls, está destacada na posição original. A questão é esta: quando nosso objetivo é maximizar a soma total de felicidade, dando à felicidade de todos o mesmo peso, será que realmente estamos nos referindo à soma da felicidade de todas as pessoas que, eventualmente, vivem? Suponha, por exemplo, que nos deparemos com a escolha entre uma estrutura básica I, em que haverá dez pessoas que desfrutam de dez unidades de felicidade cada, e uma estrutura básica II, em que haverá vinte pessoas que desfrutam de seis unidades de felicidade cada. Do ponto de vista da posição original, afirma Rawls, nós certamente preferiríamos I a II, uma vez que dispor de dez unidades é certamente melhor do que dispor de seis. Se assim for, não temos realmente o objetivo de maximizar a *soma total* de felicidade, que seria maior em II, mas sim a felicidade *média*.

Quando acontece isso, o raciocínio de Rawls deixa de ser perfeito, a menos que criemos um pressuposto que não temos boa razão para criar, isto é, que as partes na posição original estejam confiantes de que são uma das dez pessoas que vão existir em qualquer uma das duas estruturas básicas, e não uma das dez que existirão apenas na estrutura básica II. Por que razão devemos presumir isso? Tais questões levantam problemas complexos relacionados com a política da população, o que é melhor deixar para a nossa discussão posterior sobre justiça intergeracional. Por enquanto, é suficiente observar que essa questão é secundária, já que, em uma posição original, a justiça como equidade seria escolhida em detrimento do utilitarismo em qualquer de suas formulações possíveis.

3.8.2 O argumento da tensão (peso, força) do compromisso

Neste ponto, parece que Rawls pode reivindicar vitória sobre o utilitarismo. Este era, afinal, seu objetivo principal ao escrever *Uma teoria da justiça*. Alguns leitores, no entanto, podem estar decepcionados. Até agora, não dissemos nada sobre o princípio da diferença, por exemplo, e é precisamente esse aspecto da justiça como equidade, que pode ter inicialmente parecido mais interessante e controverso.

Para piorar a situação, se tomarmos o argumento "maximin" apresentado no § 26 em nome da justiça como equidade, e nos esforçarmos para empregá-lo em nome do segundo princípio da justiça em particular, nossa decepção tenderá a aumentar. O segundo princípio da justiça, lembremo-nos, foi elaborado para lidar com a distribuição de bens sociais e econômicos que não sejam as liberdades básicas. Dada a ampla gama de conhecimento das ciências sociais permitido na posição original, não é difícil imaginar as partes construindo estimativas razoáveis de distribuições de renda de longo prazo, digamos, resultantes da seleção de sistemas econômicos. Além disso, ao contrário do valor das liberdades básicas, o valor de outras mercadorias sociais e econômicas varia mais ou menos continuamente ao longo de um intervalo mediano considerável. Não existe um nível limiar determinado, segundo o qual mais bens acrescentariam pouco valor, de um lado, e em que menos bens proporcionariam algo calamitoso, de outro. Podemos imaginar, claro, uma abundância tão grande que muitas pessoas não se importariam em ter ainda mais; e, naturalmente, um nível de privação tão grave que muitas pessoas o evitariam a todo custo. Mas entre estes dois extremos distantes, as partes na posição original provavelmente podem presumir que dispor de mais bens sociais e econômicos é, simplesmente, melhor do que dispor de menos. Tendo em conta estas observações, é improvável que as partes recorram ao método "maximin" de escolha quando se trata de suas deliberações relativas ao segundo princípio da justiça, a não ser talvez que suponhamos que elas sejam avessas ao risco em um grau implausível (Barry 1973: 87-96; Roemer 1996: 175-182), e Rawls nega explicitamente que sua teoria dependa de qualquer hipótese psicológica (172, 149 Rev.).[11]

Como ficamos então? Leitores perspicazes podem agora ter percebido que o argumento não é um fracasso, mas simplesmente incompleto. Aqui nossa caracterização anterior do argumento de Rawls como tendo várias etapas distintas, cada uma consistindo de uma comparação pareada entre a justiça como equidade e um dos seus concorrentes, muito auxilia nossa compreensão. Até agora, consideramos apenas uma comparação: a da justiça como equidade com o utilitarismo. Concluída essa primeira fase do argumento, agora podemos passar à segunda. Esta segunda fase é mais bem caracterizada como uma comparação entre a justiça como equidade, de um lado, e o libertarianismo ou uma concepção mista, de outro (especificamente, a concepção mista consiste de utilitarismo juntamente com uma restrição de liberdade básica). Observe que todas as concepções concorrentes agora compartilham algo como o primeiro princípio da justiça como equidade e, assim, todas garantem liberdades básicas iguais incondicionalmente. Resulta daí que nenhuma das considerações apresentadas na primeira fase do argumento será relevante para a segunda. Pelo contrário, o argumento da segunda fase necessariamente dependerá dos méritos específicos do segundo princípio da justiça como equidade. O argumento diferente para o segundo princípio aparece principalmente no § 29, em que Rawls não faz nenhuma referência ao argumento "maximin" invocado anteriormente.

Não é surpreendente que vários leitores tenham sido induzidos em erro em relação à estrutura do argumento de Rawls. Primeiro, não é de todo evidente no texto que o argumento principal realmente se divide em duas fases distintas (em escritos posteriores e, com efeito, no prefácio à edição revisada de *Uma teoria da justiça*, Rawls admite que o argumento deveria ter sido apresentado dessa maneira.). Além disso, na primeira fase, embora o foco esteja na importância de garantir liberdades básicas iguais, a discussão nunca se restringe explicitamente a esse tema (exceto no § 33) e, com efeito, o modo de apresentação frequentemente sugere que ambos os princípios de justiça estão sendo considerados em conjunto. Finalmente, o mais confuso de tudo, a semelhança formal entre o método "maximin" de escolha, de um lado, e o princípio da diferença, de outro (o primeiro enfocando a pior das hipóteses quando confrontado com a incerteza; o outro enfocando as perspectivas dos membros menos favorecidos da sociedade), praticamente garante que os dois ficarão fortemente associados na mente de qualquer leitor, exceto a do mais astuto – e o breve alerta contra este erro, adicionado à edição revisada, pouco contribui (72 Rev.). Rawls esforçou-se para resolver esses equívocos em apresentações posteriores do argumento da justiça como equidade (por exemplo, Rawls 2001:94-97, 119-120).

Como, então, Rawls apresenta o segundo princípio da justiça como equidade? Para começar, devemos voltar a certas suposições anteriores sobre a racionalidade das partes na posição original. Lembre-se de que os indivíduos estritamente racionais considerariam não apenas os seus ganhos e perdas imediatos de curto prazo, mas também os prováveis efeitos de prazo mais longo da adoção de uma concepção de justiça social em detrimento de outra. Isso implica considerar se as pessoas serão capazes de manter um acordo feito na posição original, depois de levantado o véu da ignorância e de os princípios de justiça social terem sido implementados. Tomando a visão de longo prazo, as partes "não podem entrar em acordos que tenham consequências que não poderão aceitar", e assim elas "evitarão aqueles acordos a que venham a aderir somente com grande dificuldade" (176; 153 Rev.). Rawls refere-se a esses tipos de considerações de longo prazo como "tensões de compromisso". A ideia é simplesmente que, na comparação de concepções alternativas de justiça, as partes não quererão que as tensões de compromisso sejam demasiadamente grandes, pois isso aumentaria a possibilidade de o acordo não se sustentar e o seu trabalho árduo na posição original tornar-se-ia inútil. Na avaliação das tensões de compromisso, é perfeitamente admissível imaginar como homens e mulheres comuns considerariam a estrutura básica de sua sociedade, dado o melhor conhecimento social e psicológico disponível. Estamos agora considerando as pessoas de verdade, e não partes idealizadas em uma posição original – em outras palavras, as pessoas com toda a gama de imperfeições, emoções, relações mútuas, e assim por diante. A psicologia social de seres humanos comuns pode argumentar a favor de alguns princípios, em detrimento de outros.

Deste ponto de vista, consideremos uma concepção mista de justiça social que substitua o princípio da diferença por um princípio de maximização de utilidade, ou pelo libertarianismo, que substitui o princípio da diferença por um sistema de liberdade natural (observe que, embora o argumento de Rawls no § 29 seja eficaz contra ambos, ele não é apresentado como tal. Oficialmente, as concepções mistas não são consideradas até o Capítulo 5, e o libertarianismo não é jamais considerado explicitamente). Voltando à Figura 3.7 por um momento, imagine que os números nestas colunas representam grupos de bens sociais e econômicos sob diferentes configurações da estrutura básica – diferentes sistemas econômicos, digamos. Se supusermos que a felicidade é geralmente uma função linear de bens a serem compartilhados, sendo as outras coisas iguais, então segue-se que o utilitarismo optaria pela estrutura básica IV, em que a soma total de felicidade é maximizada. Observe, no entanto, que algumas pessoas ficam bastante mal sob este sistema. O que devemos considerar é se aqueles que estão mal continuarão comprometidos com o utilitarismo mesmo assim. "A fidelidade ao sistema social pode exigir que algumas pessoas renunciem a vantagens por causa do bem maior", diz Rawls.

> Assim, o esquema não será estável, a menos que quem deva fazer sacrifícios se identifique fortemente com interesses mais amplos do que os seus próprios. Mas isso não é fácil [...]. Os princípios de justiça se aplicam à estrutura básica do sistema social e à determinação de perspectivas de vida. O que o princípio da utilidade pede é precisamente um sacrifício dessas perspectivas. Devemos aceitar maiores vantagens para os outros como uma razão suficiente para expectativas mais baixas ao longo de toda nossa vida. Esta é certamente uma exigência extrema. Na verdade, quando a sociedade é concebida como um sistema de cooperação destinado a promover o bem de seus membros, parece pouco crível que se deva esperar que alguns cidadãos, com base em princípios políticos, aceitem perspectivas mais baixas de vida em nome do bem dos outros. (177-178; 155 Rev.)

Em termos bem diretos, o utilitarismo dirá aos membros menos favorecidos da sociedade algo assim: "lamentamos que as coisas não tenham funcionado para você, mas, pelo menos, você deveria consolar-se com o fato de que sua infelicidade tornou possível que outros fossem muito mais felizes, e que a felicidade deles supera a sua infelicidade!" Dado o que conhecemos da psicologia social de seres humanos comuns, essa ideia será provavelmente difícil de vender. Tenha em mente que estamos falando aqui sobre os menos favorecidos em termos de perspectivas gerais de vida, conforme determinadas pela loteria para o talento natural e a estrutura básica da sociedade. É comparativamente fácil, talvez, lidar com as queixas de quem fez más escolhas na vida e é infeliz por causa disso. A verdadeira dificuldade é responder às reclamações de quem começou atrás, mesmo *antes* de fazer escolhas na vida. Como podemos justificar essas desvantagens involuntárias? Os menos privilegiados provavelmente não serão suscetíveis a argumentos utilitários. Assim, as tensões de compromisso, se selecionarmos o utilitarismo na posição original, serão muito altas.

As coisas não serão muito mais fáceis se adotarmos a concepção libertária de justiça social. Embora Rawls não desenvolva este pensamento, ficou claro para muitos leitores que considerações semelhantes se aplicariam ao caso. Os libertários podem também optar pela estrutura básica IV na Figura 3.7 – não porque ela maximiza a soma total de felicidade, mas sim porque uma sociedade capitalista pura melhor se aproxima do sistema de liberdade natural ideal (ver subcapítulo 3.4.2). Novamente, porém, é preciso justificar para os membros menos favorecidos da sociedade quaisquer desvantagens involuntárias que enfrentarão. Em uma sociedade libertária, seria dito aos menos favorecidos que eles deveriam tranquilizar-se com o fato de que a diminuição de suas perspectivas de vida são uma consequência necessária de permitir aos outros, mais afortunados do que eles, que colham o máximo em retorno pessoal por seus talentos naturais e por outras oportunidades estruturais dentro de um sistema de liberdade natural. Essa ideia será provavelmente também difícil de vender. As tensões de compromisso para o libertarianismo serão tão altas quanto as do utilitarismo.

Um adversário inteligente da justiça como equidade, no entanto, talvez tenha uma resposta para o desafio posto pelas tensões de compromisso. Por que não fazer lavagem cerebral nas pessoas? Por exemplo, suponha-se que a maneira mais eficaz de maximizar a soma total de felicidade seja introduzir os dois princípios de justiça como equidade como uma ficção útil. Assim, diz-se a todas as pessoas na sociedade que elas têm direitos fundamentais invioláveis e que devem ter por objetivo maximizar as perspectivas dos menos favorecidos. Eles acreditarão que a justiça como equidade é a concepção oficial de justiça social para a sua sociedade, mas na verdade, ela só terá sido introduzida como um dispositivo para realizar o utilitarismo. Da mesma forma, podemos imaginar (embora Rawls não o faça) algumas formas mais sinistras de propaganda: podemos adotar princípios utilitaristas e reduzir as tensões de compromisso, inventando uma história sobre como sacrificar os interesses dos menos favorecidos é necessário para o avanço evolutivo da espécie humana; ou podemos adotar princípios libertários e reduzir as tensões de compromisso, inventando uma história sobre direitos naturais dados por Deus que devem ser respeitados a qualquer custo. Rawls, felizmente, está preparado para tais truques: "não devemos perder de vista a condição de publicidade", lembra-nos o autor. As partes na posição original estão encarregadas de selecionar princípios que servirão como a concepção pública de justiça para a sociedade. Se ninguém souber que o utilitarismo é a justificativa verdadeira para a estrutura básica, por exemplo, o utilitarismo não será a verdadeira concepção pública de justiça. A concepção pública é aquela realmente usada na sociedade para resolver disputas e guiar as políticas públicas. "Se, por qualquer motivo, o reconhecimento público" de alguma concepção de justiça social gerasse tensões excessivas de compromisso, "não haveria maneira de contornar este inconveniente. É um custo inevitável" da seleção daquela concepção na posição original e, portanto, um argumento sério contra ela (181; 158 Rev.). As pessoas merecem saber por que a verdadeira razão da estrutura básica de sua sociedade é como é.

A justiça como equidade com o princípio da diferença não enfrenta tais dificuldades com as tensões de compromisso. Embora seja verdade que, sob a estrutura básica recomendada pelo princípio da diferença, certamente haverá desigualdades na distribuição de bens sociais e econômicos, o princípio da diferença terá garantido que essas desigualdades tenham trabalhado para o benefício de todos – e em particular, para o benefício dos membros menos privilegiados da sociedade. Assim, do ponto de vista do Grupo E na Figura 3.7, a estrutura básica III concede-lhes as melhores perspectivas gerais de vida que podem esperar. Ao adotar o princípio da diferença, as partes na posição original efetivamente concordam em considerar a sociedade como um sistema de cooperação baseado no valor de reciprocidade: "organizando as desigualdades para benefício recíproco e abstendo-se da exploração das contingências da natureza e das circunstâncias sociais, as pessoas expressam seu respeito umas pelas outras na própria constituição da sua sociedade". Dito de outra forma, a justiça como equidade manifesta nosso "desejo de tratar um ao outro não como um meio apenas, mas como fins em si mesmos" (179; 156 Rev.). Esta é, naturalmente, a fórmula da humanidade de Kant. Mais tarde, Rawls será ainda mais explícito em conectar sua teoria à filosofia moral de Kant.

Isso completa a segunda fase principal do argumento de Rawls pela justiça como equidade. Muito, é claro, precisa ser feito, ainda. Para começar, não foi feita qualquer comparação explícita, em pares, entre a justiça como equidade e o perfeccionismo, o que fica adiado para o final do Capítulo 5. Mais significativamente, talvez, embora Rawls tenha apresentado argumentos para cada um dos dois princípios de justiça como equidade considerados separadamente, ele acenou apenas brevemente para uma justificação de sua ordenação lexical. *Grosso modo*, o autor sugere que as partes na posição original racionalmente quererão preservar as oportunidades para refletir e rever os seus objetivos e compromissos fundamentais, uma vez que o véu da ignorância tenha sido levantado (131 Rev.). Daqui decorre que só quando as circunstâncias "não permitem o estabelecimento efetivo desses direitos", as partes "admitiriam sua limitação" e, mesmo assim, "apenas na medida em que" tais limitações "sejam necessárias para preparar o caminho para uma sociedade livre" no longo prazo (152, 132 Rev., com algumas alterações).[12] O argumento real pelo ordenamento lexical, no entanto, é deixado para bem mais adiante.[13] Apesar desses detalhes, o aspecto mais importante e mais influente de *Uma teoria da justiça* continua a ser, de longe, o argumento da posição original para os dois princípios que abordamos aqui.

Na seção final do terceiro capítulo, Rawls retorna ao tema do utilitarismo. Essas reflexões talvez visem a recordar os contrastes traçados entre as duas principais concepções concorrentes da justiça social (nos §§ 5-6 e §§ 16-17). Em uma posição original, como vimos, as pessoas estritamente racionais, por trás de um véu de ignorância, rejeitariam o utilitarismo e optariam pela justiça como equidade. O que isso nos diz sobre a natureza da concepção utilitarista? Entre outras coisas, diz-nos que qualquer plausibilidade que ela possa ter como teoria da justiça social deve derivar de uma fonte inteiramente diferente. Deve assentar-se em uma visão muito diferente da sociedade, por exemplo. Em vez de ver a sociedade a partir do interior, como um sistema justo de cooperação mútua entre cidadãos que consideram os outros cidadãos como iguais, o utilitarismo vê a sociedade a partir do exterior, como faria um espectador imparcial. Dessa perspectiva, pode parecer não haver razão para não substituir a menor felicidade de uma pessoa pela maior felicidade de outra. Com efeito, pode parecer irracional não fazê-lo. De acordo com Rawls, no entanto, "o utilitarismo não consegue levar a sério a distinção entre as pessoas" (187; 163 Rev.). Em outras palavras, não consegue respeitar o fato de que a vida de cada pessoa tem um valor único para ela, e não pode ser casualmente sacrificada sempre que for superada pelos interesses dos outros. Muitos leitores constataram que essa é uma poderosa expressão do que está fundamentalmente errado com o utilitarismo.

Questões para estudo

1. Do ponto de vista da posição original, seria irracional adotar o utilitarismo em vez de um princípio de liberdades básicas iguais?
2. Há algo errado com uma sociedade que não possa justificar sua estrutura básica aos menos favorecidos, e então deve recorrer à propaganda ou a ficções úteis para reduzir as tensões de compromisso?

3.9 AS INSTITUIÇÕES DE UMA SOCIEDADE JUSTA (§§ 31-32, 34-39, 41-43)

A segunda parte de *Uma teoria da justiça* trata ostensivamente das instituições. Sua meta, de acordo com Rawls, é "ilustrar o conteúdo dos princípios de justiça [...] por meio da descrição de uma estrutura básica que satisfaça esses princípios e pelo exame dos deveres e obrigações a que eles dão surgimento" (195; 171 Rev.). Isso, contudo, dá uma impressão um pouco enganosa do que realmente encontramos. O Capítulo 6, por exemplo, só muito indiretamente diz respeito às instituições (como veremos adiante). Ainda mais impressionante é o fato de que as discussões nos capítulos 4 e 5 são muito abstratas e, em certos aspectos significativos, altamente indeterminadas no que diz respeito às suas recomendações. Em nenhum lugar, encontramos o que poderíamos, talvez, ter esperado, a saber, algo como um plano detalhado para projetar ou reformar as instituições de uma sociedade real, como os Estados Unidos.

A explicação para isso é que, apesar das aparências iniciais em contrário, não abandonamos a posição original. Embora o mais famoso – e mais importante – aspecto do argumento da posição original para a justiça como equidade apareça no capítulo 3 de *Uma teoria da justiça*, o argumento não é realmente concluído nesse capítulo. Os leitores mais cuidadosos começarão a sentir isso quando expressões como "o único princípio que as pessoas na posição original podem reconhecer" (207, 181 Rev.), ou "do ponto de vista da posição original" (217; 191 Rev.), ressurgirem no capítulo 4; quaisquer dúvidas devem ser apagadas quando Rawls começa a rever os princípios da justiça como equidade e a introduzir novas regras de prioridade em suas especificações, por volta do meio do capítulo 5. O restante desse capítulo é dedicado a concluir (finalmente) o caso da justiça como equidade contra seus principais concorrentes.

O papel pretendido pela discussão explícita das instituições feita por Rawls (primeiramente no capítulo 4 e no primeiro terço do capítulo 5) pode ser razoavelmente explicado como se segue. Lembre-se de que as partes na posição original devem ser estritamente racionais. Entre outras coisas, isso quer dizer que devemos presumir que elas levarão em consideração o fato de os princípios de justiça que escolheram poderem ser implementados realmente. Elas podem rejeitar, por exemplo, princípios que são inteiramente impraticáveis, mesmo que sejam muito atraentes na teoria. Agora, é claro, ainda estando na posição original, as partes não podem fazer determinações quanto a esta ou aquela política ou instituição pública, uma vez que o véu da ignorância oculta muitos fatos particulares sobre as circunstâncias da sociedade relevantes para tais determinações. O melhor que elas podem fazer é considerar várias circunstâncias possíveis *A, B, C*, e assim por diante, e especular como a implementação dos princípios de justiça que estabelecem ficaria se a sociedade enfrentasse circunstâncias do tipo *A*, ou do tipo *B*, e assim por diante. Rawls sugere até mesmo um quadro que as partes podem usar ao imaginar esse processo de implementação – o que ele chama de "A sequência de quatro estágios" (mais informações sobre essa sequência serão dadas em breve). O fato de ainda estarmos a imaginar pessoas em uma posição original, no entanto, e que não conhecem as circunstâncias sociais e históricas particulares de sua sociedade, explica a natureza muitas vezes abstrata e indeterminada da discussão. Também explica o processo contínuo de revisão dos princípios da justiça como equidade. Em uma passagem muitas vezes ignorada, Rawls observa que seu objetivo na segunda parte será testar os princípios da justiça como equidade, comparando "as suas consequências para as instituições e [...] suas implicações para as políticas sociais fundamentais" com "nossos juízos bem elaborados", e que este teste é em si uma parte de seu argumento por essa concepção (152, 132 Rev.). Antes que ambas as partes do argumento estejam completas, não teremos finalmente chegado ao equilíbrio reflexivo.

Como foi mencionado acima, Rawls prevê no § 31 uma "sequência de quatro estágios" para resolver como uma teoria da justiça social poderia ser selecionada e implementada. A primeira etapa é a própria posição original: neste estágio, as pessoas selecionam os princípios básicos que servirão como a manifestação pública da justiça social para a sua sociedade, e elas fazem essa seleção de trás de um véu de ignorância que exclui qualquer conhecimento de suas características pessoais ou de circunstâncias particulares de sua sociedade. A segunda etapa corresponde a uma convenção constitucional na qual as pessoas projetam um sistema de governo e a lei constitucional para a sua sociedade, usando os princípios selecionados na primeira etapa como guia. Para Rawls isso em geral acarreta a implementação do primeiro princípio da justiça como equidade – o princípio das liberdades básicas iguais. Para facilitar essa implementação, devemos imaginar que o véu da ignorância foi parcialmente levantado na segunda etapa: embora não se permita ainda aos representantes na convenção constitucional conhecer quaisquer fatos pessoais sobre si mesmos, permite-se que eles conheçam as circunstâncias particulares de sua sociedade (seu nível de desenvolvimento econômico, sua geografia e recursos naturais, sua cultura e história, e assim por diante). Embora seja verdade que nas reais convenções constitucionais isso não ocorra assim – os participantes de convenções reais de fato sabem muito sobre si mesmos e as partes e os interesses que representam –, não obstante muitas vezes não é possível, mesmo para o mais inteligente dos profissionais da área constitucional, prever como as escolhas relativas às formas políticas básicas ajudarão ou atrapalharão interesses particulares no longo prazo. Assim, a previsão feita para o segundo estágio não é tão idealizada como poderia parecer à primeira vista.

Uma vez estabelecidos um sistema de governo e uma lei constitucional, entramos na terceira fase, correspondente ao processo de definição de políticas públicas e de regulamentações socioeconômicas. É nesta fase, de acordo com Rawls, que o segundo princípio da justiça como equidade – igualdade justa de oportunidades e princípio da diferença – seria implementado. Como na segunda etapa, no entanto, os participantes do processo legislativo devem estar limitados por um véu de ignorância parcial. Quando se trata de determinar as políticas e as regulações ordinárias, como algo distinto de conceber constituições, essa suposição talvez seja menos realista. Com efeito, dado que se presume que a informação disponível nos estágios dois e três é a mesma, pode-se perguntar qual é o motivo de fazer distinção entre elas. Dito de outra forma, já que nosso objetivo na segunda etapa é implementar o primeiro princípio da justiça como equidade por meio do instrumento constitucional, por que o segundo princípio também não deveria estar presente na constituição de uma sociedade justa? A explicação é que Rawls supõe "uma divisão de trabalho" necessária para lidar "com diferentes questões de justiça social". Em sua opinião, é relativamente fácil implementar os direitos e as liberdades básicos na forma de leis categóricas e incondicionais, como "o legislador não deve fazer nenhuma lei que restrinja o livre exercício da religião", ao passo que implementar o princípio da diferença, digamos, será muito mais difícil e provavelmente requererá um processo contínuo de experimentação e revisão por meio de complexas iniciativas de políticas públicas. Além disso, fica "muitas vezes perfeitamente claro e evidente quando as liberdades iguais são violadas", enquanto, por outro lado, "este estado de coisas é relativamente raro nas políticas sociais e econômicas reguladas pelo princípio da diferença" (199, 174 Rev.). Segue-se, de acordo com Rawls, que o segundo princípio da justiça não pode efetivamente estar enraizado no direito constitucional. A sua implementação requer uma fase separada e própria.

O quarto e último estágio é a fase em que os órgãos públicos, o sistema de justiça e os cidadãos comuns respeitam as instituições e levam a cabo as políticas adotadas nos últimos dois estágios. Nesta etapa, é claro, não há véu da ignorância: todo mundo sabe exatamente quem é e quais as circunstâncias da situação particular em que estão. Rawls discutirá esta quarta etapa mais adiante (no Capítulo 6).

Em suma, vemos que Rawls divide o problema geral do desenho institucional – a aplicação da justiça como equidade à concepção das principais instituições políticas, sociais e econômicas e as práticas – em duas partes principais, correspondentes aos dois estágios intermediários da sequência de quatro estágios: o primeiro diz respeito à forma de governo de uma sociedade e sua constituição, o segundo às suas políticas sociais e econômicas. Antes de passar a considerar as observações de Rawls para cada um, talvez valha a pena reiterar que as recomendações concretas nem sempre estarão disponíveis, isso porque o processo de aplicação está ainda a ser imaginado a partir do ponto de vista de pessoas na posição original, as quais não têm acesso a informações específicas necessárias para resolver os problemas relevantes. Em outras palavras, estamos a considerar o que as pessoas por trás de um completo véu de ignorância *imaginarão que acontecerá* uma vez que o véu comece a ser levantado, pois isso pode influenciar a sua escolha dos princípios básicos na própria posição original em si. Em certo sentido, nós nunca realmente deixamos a posição original em *Uma teoria da justiça* e, para muitos leitores, isso é frustrante. No lado positivo, no entanto, significa que Rawls pode em grande parte manter-se "agnóstico" em relação ao tipo de sociedade em que vivamos; suas conclusões não estão estreitamente ligadas a circunstâncias específicas da sociedade norte-americana do final do século XX, por exemplo.

Analisemos primeiramente, então, as questões do desenho constitucional, isto é, o desenho das instituições políticas e legais de uma sociedade justa. Em termos amplos, de acordo com Rawls, o desenho constitucional deve ser guiado por duas considerações. A primeira, e mais importante, é que as instituições políticas e legais fundamentais deveriam refletir as liberdades básicas iguais garantidas incondicionalmente pelo primeiro princípio de justiça como equidade. A segunda consideração, subsidiária da primeira, é que, entre um conjunto de configurações constitucionais plausíveis que satisfaçam o princípio de liberdades básicas iguais, devemos selecionar aquele que esperamos ser o mais confiável na geração de políticas públicas que promovam outras metas da justiça como equidade, a saber, de garantir uma igualdade justa de oportunidades e de maximizar as perspectivas dos menos privilegiados (221; 194 Rev.). Em relação à primeira consideração, Rawls observa ainda que as configurações de instituições políticas e legais podem não refletir o princípio das liberdades básicas iguais, de duas maneiras: ou concedendo a algumas pessoas mais liberdades básicas do que outras ou concedendo liberdades básicas insuficientes para as pessoas em geral (203-4; 178 Rev.). Com essas considerações iniciais em mente, o autor passa a discutir alguns exemplos particulares.

O primeiro grupo de exemplos, discutidos nos §§ 34-35, diz respeito aos limites de tolerância e, presumivelmente, pretende ilustrar a operação do primeiro princípio de justiça como equidade em relação a nossas liberdades de consciência e de expressão. Entre outras coisas, Rawls aborda os tradicionais debates sobre se tais liberdades podem legitimamente ser reguladas em nome da ordem pública, e se elas devem se estender a pessoas ou grupos intolerantes que não as concederiam aos outros (o autor responde sim a ambas). O segundo grupo de exemplos, discutido nos §§ 36-37 diz respeito ao desenho das instituições governamentais, e assim ilustra a operação do primeiro princípio com relação aos direitos e liberdade políticas. Rawls também observa que a justiça como equidade "não define um ideal de cidadania; nem estabelece um dever que requeira a todos tomar parte em assuntos políticos" (227; 200 Rev.). O terceiro e último grupo de exemplos, discutido no § 38, diz respeito à configuração do sistema legal, ilustrando assim a operação do primeiro princípio com relação ao que é às vezes chamado de nossos direitos ao devido processo legal. Tais direitos incluem exigências tais como a de que a lei deve ser exequível, isto é, deve tratar casos similares do mesmo modo, e de que os juízes devem ser independentes e imparciais. *Grosso modo*, argumenta Rawls, o primeiro princípio da justiça como equidade, quando aplicado a um sistema legal, gera as exigências tradicionalmente associadas com o ideal da regra do direito. Essas seções do livro são interessantes por si sós, mas também relativamente claras, e não exigem maiores explicações aqui.

Passando ao segundo problema geral do projeto institucional, que se relaciona à implementação do segundo princípio da justiça como equidade por meio de políticas e regulamentações sociais e econômicas, encontramos uma discussão muito mais breve nas seções de abertura do capítulo 5 (§§ 41-43). Isso se deve sem dúvida à crença de Rawls de que tais questões são consideravelmente mais complexas e, portanto, menos suscetíveis às contribuições de um filósofo. Surpreendentemente, ele nem sequer tenta resolver a importante e fundamental questão sobre qual sistema econômico a justiça como equidade realmente recomenda. A ideia é talvez a de delegar aos economistas e aos cientistas sociais a tarefa de determinar que configuração de instituições e políticas maximizariam, em determinadas condições históricas e culturais, as perspectivas dos menos favorecidos. O que Rawls oferece em vez disso são algumas observações muito gerais destinadas a sugerir como tais investigações devem proceder; ao oferecer suas observações, ele faz uso das obras de outros notáveis economistas políticos.[14]

Digamos que algumas sociedades, em termos amplos, são caracterizadas, em sua maior parte, pela posse pública dos meios de produção. Entre essas sociedades, algumas planejam centralmente todos ou a maioria dos aspectos da atividade econômica – a quantidade de bens que serão produzidos, quais serão seus preços, e assim por diante –, enquanto outras delegam tais determinações aos mercados. Rawls refere-se a estes dois primeiros sistemas de economia política como o sistema de "comando" e o sistema "socialista", respectivamente. Ambos são contrastados com sociedades nas quais os meios de produção são, em sua maioria, de propriedade privada. Entre estas, algumas buscam ser puras economias de livre mercado, enquanto outras restringem os efeitos dos mercados por meio de provisões públicas para as necessidades básicas, tributação redistributiva, regulamentação do monopólio etc. Rawls se refere a esses dois sistemas de economia política como o sistema "capitalista" e o sistema "democrático de propriedade privada", respectivamente. Os sistemas de comando estão excluídos, argumenta o autor, com base no primeiro sistema de justiça como equidade: o completo planejamento centralizado da economia necessariamente restringirá nossas liberdades básicas no que diz respeito à escolha de profissão, residência etc. Também estão excluídos os sistema capitalistas puros, com base no segundo princípio: neles não há provisões para melhorar as condições dos menos privilegiados. Em princípio, no entanto, Rawls acredita que tanto uma sociedade socialista democrática liberal quanto uma democracia de proprietários pode ser compatível com a justiça como equidade. Em uma dada sociedade, enfrentando suas próprias circunstâncias históricas particulares e outras, qual das duas vai de fato tender a maximizar as perspectivas dos menos favorecidos é uma questão para os profissionais da economia e para os cientistas sociais resolverem.

Em obra posterior, devemos observar, Rawls refina ainda mais suas opiniões sobre a economia política. Especificamente, ele se sentiu compelido a introduzir uma quinta opção entre o sistema democrático de proprietários e o sistema capitalista puro, a que ele se refere como "capitalismo de bem-estar social" (2001: 139-140). *Grosso modo*, essa seria uma sociedade capitalista em geral, em que os gastos públicos assegurariam que nenhum membro da sociedade ficasse abaixo de algum nível definido de bem-estar. Essencialmente, neste sistema, o rico melhoraria a posição dos menos favorecidos por meio de pagamentos laterais. Isso não é o que Rawls tinha em mente, e assim tem de enfrentar alguns problemas para distinguir esse sistema de um sistema democrático de proprietários genuíno em que os menos favorecidos não são simplesmente comprados, por assim dizer, mas realmente incorporados dentro de um sistema de cooperação justa. A preocupação de Rawls era com a possibilidade de que, sob o capitalismo do Estado de bem-estar social, os menos favorecidos – embora materialmente abastecidos até um certo limite – formariam uma subclasse permanente e, portanto, não desfrutariam de uma verdadeira e justa igualdade de oportunidades. Uma democracia de proprietários seria uma sociedade em que as políticas e regulamentações são projetadas especificamente, de modo a garantir que isso não aconteça.

Antes de passar para o nosso próximo tópico, é interessante observar que no § 39 Rawls analisa brevemente a questão de saber se será possível para qualquer sociedade, independentemente de suas circunstâncias, realizar integralmente a justiça como equidade. Será sempre possível conceder liberdades básicas iguais a todos incondicionalmente? (O princípio da diferença é talvez menos exigente, no sentido de que apenas nos direciona a fazer o melhor que podemos fazer pelos menos favorecidos: o princípio pode ser satisfeito mesmo se só pudermos fazer muito pouco). Ao ordenar lexicamente os dois princípios de justiça, "as partes escolhem uma concepção de justiça adequada para condições favoráveis e presumem que uma sociedade justa pode em momento oportuno ser alcançada", diz Rawls (245). Sob condições menos favoráveis, no entanto, este "momento oportuno" pode se estender por muitas gerações. Basicamente, os dois princípios lexicamente ordenados devem representar um ideal a ser conquistado a longo prazo. As partes na posição original imaginam em que tipo de sociedade *quereriam* viver, uma vez plenamente desenvolvida. Em seguida, selecionariam a justiça como equidade como os princípios apropriados para *essa* sociedade. Entretanto, Rawls admite, "pode ser necessário renunciar" a uma aplicação estrita do princípio de liberdades básicas iguais quando isso for necessário para "transformar uma sociedade menos afortunada" em uma sociedade em que todas "as liberdades [básicas] possam ser desfrutadas" (247 e 217 Rev.).[15] Tais derrogações da prioridade da liberdade, no entanto, "devem ser aceitáveis para quem tem menor liberdade" (250; 220 Rev.).

Questões para estudo

1. A aplicação do princípio da diferença deve ser deixada inteiramente para os processos políticos ordinários, ou deveria – como no princípio das

liberdades básicas iguais – ser apoiada por dispositivos constitucionais explícitos?
2. Pode uma sociedade capitalista de bem-estar social satisfazer as exigências do princípio da diferença e do princípio da justa igualdade de oportunidades?

3.10 A COMPLEMENTAÇÃO DO ARGUMENTO (§§ 40, 44-50)

Tendo mais ou menos concluído sua discussão sobre como a estrutura básica de uma sociedade justa seria o reflexo dos dois princípios de justiça, Rawls, finalmente, começa a encerrar seu argumento pela justiça como equidade, em meio ao capítulo 5. Para fazer isso, como sempre, ele deve abordar algumas ambiguidades cruciais remanescentes da formulação do segundo princípio. A mais importante dessas ambiguidades diz respeito a como devemos pesar os interesses das gerações futuras contra os das gerações presentes; abaixo, consideraremos mais detalhadamente a resposta de Rawls a esse complexo problema.

Primeiro, porém, podemos observar brevemente outra ambiguidade, que diz respeito a como devemos conciliar as duas cláusulas do segundo princípio, ou seja, o princípio da justa igualdade de oportunidades e o princípio da diferença. Muitas vezes, é claro, as duas cláusulas serão perfeitamente compatíveis. Isso porque as restrições à justa igualdade de oportunidades geralmente prejudicam a produtividade geral da economia da sociedade e, assim, reduzem o conjunto de recursos disponíveis para melhorar as perspectivas dos menos favorecidos. Esse não será sempre o caso, no entanto. Lembre-se que a justa igualdade de oportunidades exige que garantamos que as perspectivas de vida global das pessoas nos diferentes grupos da sociedade não sejam significativamente influenciadas por fatores tais como as suas circunstâncias raciais, culturais ou econômicas. Agora, em algumas sociedades, realizar isso só poderia ser possível por meio de subsídios maciços para a educação, por meio de políticas de ação afirmativa, e assim por diante. Esses tipos de políticas e instituições, presumivelmente, teriam custos sociais substanciais; na verdade, podem custar tanto quanto reduzir efetivamente o bem-estar absoluto dos menos favorecidos. Em situações como essas, será difícil satisfazer o princípio de justa igualdade de oportunidades e o princípio da diferença ao mesmo tempo. Qual o princípio que deveria então ter prioridade?

Rawls considera que essa questão no § 46, e responde que a justa igualdade de oportunidades deve ter prioridade lexical sobre o princípio da diferença. Dito de outra forma, podemos imaginar que a justa igualdade de oportunidades opera como uma restrição lateral ao princípio da diferença: as políticas e instituições devem ser concebidas para maximizar as perspectivas dos menos favorecidos na medida em que isso for coerente com a manutenção de uma justa igualdade de oportunidades.[16] Se isso parece algo excessivamente exigente, talvez valha a pena lembrar que Rawls não supõe que a perfeita igualdade de oportunidades seja algo que possa ser obtido de modo real (uma vez que não estamos preparados para acabar com a família como instituição social); satisfazer a restrição lateral relevante requererá aparentemente apenas alcançar algum nível de justa igualdade de oportunidades. Felizmente, "observar o princípio da diferença", segundo Rawls, "reduz a urgência de alcançar uma perfeita igualdade de oportunidades" (301; 265 Rev.). Como no caso da prioridade das liberdades básicas iguais, Rawls reconhece que pode ser impossível sob condições menos do que favoráveis realizar integralmente até mesmo um limite modesto de igualdade justa de oportunidades; em tais casos, devemos lutar por "ampliar as oportunidades de quem tem menos oportunidades" primeiramente (303; 266 Rev.).

Infelizmente, parece que falta um argumento que demonstre que as pessoas estritamente racionais em uma posição original por trás de um véu de ignorância realmente concordariam com essa ordenação lexical das duas cláusulas. Certamente, ele não aparece onde seria de esperar, no § 46. Em outra parte, Rawls sugere vagamente que a prioridade da justa igualdade de oportunidades está de alguma forma relacionada com a importância do respeito próprio: os indivíduos excluídos de oportunidades significativas são "impedidos de experimentar a realização do *self* que venha de um exercício hábil e dedicado dos deveres sociais"; já que as bases sociais do respeito próprio são consideradas como um bem primário na posição original, tais indivíduos "ficariam privados de uma das principais formas de bem" (84, 73 Rev.). Tem-se reclamado, no entanto, que isso dificilmente será suficiente para estabelecer a prioridade necessária. Pessoas estritamente racionais em uma posição original poderiam perfeitamente reconhecer o valor do respeito próprio e visar a garantir seus fundamentos quando puderem, mas também poderiam decidir que níveis absolutos de bem-estar econômico simplesmente lhes importam mais (Pogge 2007: 120 – 133). Essa pode ser uma lacuna sem solução no argumento de Rawls.

3.10.1 Justiça intergeracional

Passemos agora ao difícil problema da justiça intergeracional. Suponha que nos proponhamos a implementar o princípio da diferença, que nos direciona a organizar a estrutura básica da sociedade de modo a maximizar as probabilidades dos menos favorecidos (sujeitas à restrição da justa igualdade de oportunidades). Inicialmente, pode parecer que isso impõe um fardo muito pesado para a sociedade, um fardo que não pode ser sustentado a longo prazo. Por exemplo, ao prover um mínimo social generoso, podemos deixar à míngua à economia dos recursos que poderiam, de outra maneira, ser investidos em pesquisa e desenvolvimento. Uma sociedade que tem como objetivo satisfazer o princípio da diferença poderia, então, começar a ficar mais para trás em relação a outras sociedades menos generosas, até que os próprios programas destinados a ajudar os menos favorecidos não sejam mais sustentáveis economicamente. Assim, ajudamos os menos favorecidos do presente apenas em detrimento dos menos favorecidos das gerações futuras.

De acordo com Rawls, não devemos interpretar o princípio da diferença de modo que políticas míopes como essas sejam requeridas. Em vez disso, o autor argumenta (no § 45) que devemos considerar os menos favorecidos das futuras gerações como merecedores de uma consideração moral igual àquela dos membros menos favorecidos de nossa geração presente. Na visão utilitarista das coisas, o mesmo valor moral digno de todos os seres humanos é tido como um axioma. Assim como a felicidade de um camponês deve ter o mesmo peso que a felicidade de um rei, e a felicidade de uma mulher ter o mesmo peso que a felicidade de um homem, também a felicidade de uma pessoa que viverá no futuro deve ter o mesmo peso que a felicidade de uma pessoa que vive hoje. Não faz diferença *quando* uma pessoa vive, nesta visão. Mas a justiça como equidade rejeita a visão utilitarista das coisas, e por isso deve estabelecer o igual valor moral digno de gerações diferentes de alguma outra forma. Naturalmente, fá-lo por meio do dispositivo da posição original. Assim como não sabemos qual é nosso papel na sociedade, também o véu da ignorância não nos permite saber a que fase de desenvolvimento chegou nossa sociedade, ou seja, a geração a que pertencemos. Se não sabemos *quando* acontecerá o viver, estaremos, naturalmente, igualmente preocupados com o bem-estar de cada geração.

Rawls supõe que essa preocupação estaria refletida na adoção do que ele chama de "princípio da poupança justa", que (de modo muito parecido com o princípio da justa igualdade de oportunidades) opera como uma restrição lateral ao princípio da diferença. Em outras palavras, exige-se de cada geração, pelo segundo princípio da justiça como equidade, a maximização das perspectivas de seus próprios membros menos favorecidos apenas depois de reservar as economias necessárias para as gerações futuras.[17] "Essa poupança pode assumir várias formas", observa Rawls, "de investimento líquido em máquinas e outros meios de produção a investimento em educação e aprendizagem" (285; 252 Rev.). Com a vantagem da visão retrospectiva, é claro, esse enquadramento do problema da justiça intergeracional pode parecer um pouco estranho, mas novamente Rawls estava escrevendo antes de o movimento de conservação ambiental realmente se tornar uma força importante nas sociedades ocidentais. Agora é fácil ver que o problema que Rawls levantou é realmente muito mais geral. Há uma infinidade de maneiras pelas quais as políticas, instituições e práticas da geração presente podem significativamente influenciar o bem-estar das gerações futuras para melhor ou para pior, manifesto em tais questões como mudança climática global, a manutenção da biodiversidade, consumo de recursos não renováveis etc. Felizmente, a discussão de Rawls pode ser facilmente aplicada a estes temas mais amplos também. Para manter as coisas em nível simples, no entanto, vamos continuar com a linguagem de Rawls aqui. A questão central, abordada no § 44, é a seguinte: qual nível de poupança é requerido, como questão de justiça social, de cada geração?

Para responder a esta pergunta corretamente, na visão de Rawls, devemos considerá-la a partir da perspectiva de uma pessoa estritamente racional em uma posição original por trás de um véu de ignorância. Como são as coisas a partir dessa perspectiva? Suponha que imaginássemos que cada pessoa na posição original não soubesse a que geração pertencesse. Nesse caso, seria racional para elas apenas chegar a um acordo sobre algum tipo de princípio da poupança justa, de modo a garantir que a primeira geração não consuma tudo o que puder, deixando as gerações seguintes em situação de pobreza indigente. Afinal, por que você iria apostar na pequena chance de que se tornar membro daquela primeira geração afortunada? Supondo que algum acordo fosse feito na posição original, a única dificuldade, então, consistirá em garantir que os vários membros de cada geração mantivessem a sua parte do acordo depois de o véu da ignorância ter sido levantado. Aqui, talvez, possamos confiar e incentivar a tendência natural dos seres humanos de se preocuparem com o bem-estar de seus descendentes.

Curiosamente, no entanto, o argumento não toma esse rumo. Rawls renuncia expressamente a imaginar as partes na posição original como cada uma representando individualmente diferentes gerações. Em vez disso, ele insiste que as partes na posição original são todas membros da *mesma* geração, embora o véu da ignorância não permita que saibam *qual* seja essa geração. Dadas as consequências desse movimento, como veremos, é surpreendente que Rawls ofereça tão poucas justificações para ele. No § 44, ele nos remete a uma passagem anterior na primeira parte, que se limita a afirmar que a alternativa "levaria a fantasia longe demais", altura em que o dispositivo da posição original "deixaria de ser um guia natural para a intuição" (139; em Rev. 120, a primeira frase muda para "careceria de um sentido claro"). Isso é muito pouco satisfatório, mas uma série de preocupações profundas, não mencionadas por Rawls, pode motivar tal suposição. Uma dificuldade é que as políticas e as instituições podem afetar não só o bem-estar das gerações futuras, mas também sua *composição* – quantas pessoas haverá, por exemplo. Assim, não está claro como o fato de ser membro da posição original deve ser determinado. Deve ela incluir apenas as pessoas que viverão necessariamente, independentemente das políticas que adotamos? Ou deveria incluir todas as pessoas que poderiam, eventualmente, viver? Esses tipos de perguntas difíceis são irrelevantes na formulação que Rawls faz do problema.

Infelizmente, presumir que as partes na posição original são todos membros da mesma geração levanta problemas diferentes. Em que essas partes, se estritamente racionais, concordariam? Está dado que elas não sabem qual é a sua geração; não obstante, uma vez que sabem que são todas membros da mesma geração, elas também sabem que, sejam quais forem as gerações precedentes, estas já pouparam (ou não) o que tinham de poupar. O conjunto de recursos presentemente disponíveis, assim, já foi fixado, e não pode ser alterado por qualquer coisa decidida na posição original. Da mesma forma, as partes na posição original não tem nada a esperar ou temer das gerações futuras, que são efetivamente impotentes para ajudá-las ou prejudicá-las. Dados esses parâmetros, o que as pessoas estritamente racionais – sendo a racionalidade explicitamente definida como algo que prefere sempre mais bens primários a menos bens primários – decidiriam fazer? Parece que temos de admitir que decidiriam consumir tanto quanto pudessem: elas não imporiam a si mesmas nenhuma obrigação de poupar para o benefício das gerações futuras. Uma vez levantado o véu da ignorância, é claro, os seres humanos reais podem naturalmente estar inclinados a se preocupar com o bem-estar de seus descendentes, e isso pode levá-los a ações caritativas em benefício deles. Tais ações não seriam, porém, aparentemente, necessárias como questão de justiça social.

Essa não é a conclusão a que Rawls quer chegar. Como, então, ele a evita? O autor simplesmente estipula, como foi salientado em discussões anteriores do modelo, que as próprias partes na posição original (muito parecidas com seres humanos reais) devem cuidar do bem-estar de seus descendentes. Uma vez que "se presume que uma geração se preocupa com seus descendentes imediatos", escreve ele, "um princípio de poupança justa [...] seria reconhecido" na posição original (288; passagem omitida na Rev.). Tem-se apontado, corretamente, que esse procedimento é realmente fraudulento. Toda a questão do artifício da posição original é derivar, enquanto formos capazes, conclusões morais de premissas não morais. Assim, é profundamente insatisfatório constatar que podemos extrair das partes na posição original uma preocupação com as gerações futuras apenas por meio da imputação da mesma preocupação a tais partes (Barry 1977: 501-506). Talvez por perceber que a versão inicial do argumento não seria satisfatória Rawls apresente uma segunda consideração na edição revisada de *Uma teoria da justiça*. Basicamente, ele impõe uma restrição formal extra às partes, a saber, a de que quaisquer que sejam os princípios que adotem na posição original, devem "desejar que todas as gerações precedentes tenham seguido os mesmíssimos princípios" (111 Rev.; cf., 255 Rev.).

Porém, não está claro qual deve ser a base para essa restrição formal extra. Muito menos do que as restrições formais da generalidade e da universalidade discutidas anteriormente (ver subcapítulo 3.7), ela não pode plausivelmente ser derivada do papel distintivo a que os princípios de justiça social devem servir; nem pode ser reconstruída como o mero resultado de deliberações por trás de um véu da ignorância, dada a nossa suposição de que as partes são todas membros da mesma geração. Mesmo deixando de lado essas preocupações, no entanto, a exigência falhará pelo mesmo motivo que a expressão kantiana do imperativo categórico na Fórmula da Lei Universal falhou. Aqui, devemos observar que a nova exigência formal não pode indicar que as partes devem escolher uma só taxa de poupança aplicável a todas as gerações; essa possibilidade é excluída pelo fato de que o princípio da poupança justa que Rawls acredita que elas de fato adotarão (veja adiante) é variável, atribuindo taxas diferentes para diferentes gerações. Mas então, sabendo que são todos membros de uma única geração (e não de uma geração anterior), parece estar aberto às partes na posição original simplesmente desejar que todas as gerações sigam o princípio de que "cada geração anterior à atual poupará tanto quanto possível, enquanto todas as outros consumirão tanto quanto optarem por consumir".[18] Em suma, deve-se dizer que Rawls deixa o enigma da justiça intergeracional quase que sem solução.

Deixando de lado as dificuldades, o que é o princípio da poupança justa que Rawls acredita que as partes na posição original adotarão? Grosso modo, o autor imagina que elas construirão uma agenda que atribuirá a cada geração uma determinada taxa de poupança. A taxa será inicialmente baixa, de modo a não sobrecarregar as primeiras gerações. Isso, na verdade, é uma compensação pelo infortúnio de viver em tempos menos prósperos. À medida que a sociedade se torna mais rica, a obrigação de poupar aumenta estavelmente, mas não indefinidamente; em algum momento, a sociedade chegará a instituições e práticas sociais duráveis e totalmente justas (a partir de observações anteriores, podemos inferir que isso quer dizer que a sociedade basicamente tornou-se próspera o suficiente para implementar integralmente tanto as liberdades básicas quanto a justa igualdade de oportunidades, e de fato o fez). Neste ponto, uma obrigação de poupar acima do que é necessário para sustentar aquele nível de prosperidade cessa. Em outras palavras, não há nenhuma obrigação *como questão de justiça social* de tornar as futuras gerações mais prósperas, embora, naturalmente, poupar para esse ou outros fins seja sempre permitido, e pode ser uma maneira de ajudar, prestar apoio, de outra maneira (287-288; 255 Rev.). Para reiterar o que foi dito anteriormente, o princípio da poupança justa funciona como uma restrição lateral sobre o princípio da diferença. Cada geração deve maximizar as perspectivas de seus menos favorecidos, mas somente na medida em que isso seja coerente com o ter feito as economias que lhe foram exigidas pelo acordo da agenda na posição original. Tendo feito isso, teremos satisfeito as nossas obrigações de justiça para com as gerações futuras.

3.10.2 A conclusão do argumento

Depois de apresentar a versão final dos dois princípios no § 46, com todas as suas variadas regras de prioridade e as restrições laterais, Rawls dedica o restante do quinto capítulo de *Uma teoria da justiça* à finalização do argumento da justiça como equidade. Começa, curiosamente, com uma resposta ampliada a um conjunto de acusações que, provavelmente, não terão ocorrido a muitos leitores. Para entender o que está acontecendo aqui, pode ser útil voltar à nossa discussão anterior (em 3.3) relativa ao método do equilíbrio reflexivo. Empregando esse método, devemos começar com nossos juízos sobre um conceito – de justiça social, por exemplo – e depois tentar construir uma teoria para explicá-los de forma semelhante a um sistema. Uma vez que não podemos captar as nossas intuições iniciais com uma única teoria, devemos finalmente decidir quais delas adotar e quais abandonar. Ao construir sua teoria da justiça como equidade, por exemplo, Rawls começou com as intuições iniciais de que a justiça é mais importante que a eficiência, de que a intolerância religiosa e a discriminação racial são injustas e assim por diante. Depois de um longo processo de exposição e de revisão, chegamos finalmente a uma afirmação da teoria com a qual estamos razoavelmente felizes. Como esperado, ela capta perfeitamente essas intuições iniciais de uma maneira impositiva e sistemática.

Pode haver outras intuições plausíveis sobre a justiça social, no entanto, que a teoria da justiça como equidade não consegue captar? Na verdade, sim, e, nos §§ 47-48, Rawls finalmente menciona algumas delas. Considere por exemplo a "tendência do senso comum em supor que a renda e riqueza, e as coisas boas da vida em geral, devem ser distribuídas de acordo com o merecimento moral" (310; 273 Rev.). Nossa intuição inicial pode ser a de que há injustiça quando uma distribuição de bens não reflete o valor relativo moral das pessoas: pessoas mais virtuosas *merecem* mais. Deve ficar claro, porém, que a justiça como equidade não capta, e não pode captar, totalmente tais intuições. Isso ocorre porque, como Rawls nos lembra: "ela contém um grande componente de justiça procedimental pura" (304; 267 Rev.). Em outras palavras, desde que a estrutura básica da sociedade seja justa de acordo com os dois princípios, caberá às pessoas decidir como viver suas vidas, de acordo com as suas próprias concepções particulares do bem. Não pode haver nenhuma garantia de que a quantidade de bens que cada pessoa tenha ao final, jogando pelas regras do jogo, por assim dizer, reflita qualquer mensuração de sua virtude moral. Além disso, tal princípio nunca será imposto em uma sociedade justa, porque as partes em uma posição original, por trás de um véu de ignorância, nunca concordariam com tal princípio. Como poderiam fazê-lo, se o véu da ignorância as impede de conhecer seus próprios valores morais? Sem tais informações, como podem saber qual medida de merecimento moral que devem adotar? No lugar da noção de merecimento moral, a justiça como equidade coloca a ideia de expectativas legítimas. Se uma pessoa joga pelas regras de uma sociedade justa, ela tem legitimamente o direito à parcela de bens que obtiver por meio de sua participação no sistema definido por essas regras. Esses direitos, em outras palavras, são meramente um resultado do sistema, e não critérios para avaliá-lo.

O fato de a justiça como equidade não dar conta de todas as nossas intuições iniciais relativas à justiça social é uma objeção à própria justiça como equidade? Não, não é. Como vimos em nossa discussão sobre o intuicionismo, nossas intuições do senso comum frequentemente entram em conflito. Não há maneira de resolver tais conflitos, exceto por meio do desenvolvimento de uma teoria mais sistemática que faça a adjudicação de tais intuições, e é isso precisamente o que a justiça como equidade faz. Não há propósito em reclamar que, em tais adjudicações, algumas de nossas intuições conflitantes devam dar lugar a outras. A única alternativa é construir uma teoria melhor.

Depois de pôr de lado tais objeções, Rawls retorna à tarefa de examinar comparações em pares, entre a justiça como equidade e as suas concorrentes na lista de alternativas (ver o Subcapítulo 3.8). Em seguida, haveria a análise das concepções mistas. Mas elas já foram abordadas no argumento das tensões de compromisso, conforme Rawls reconheceu apenas em seus últimos escritos. Como resultado, a discussão real no § 49 é um anticlímax completo Ele simplesmente perpassa por algumas objeções *adicionais* que possam ser aplicadas contra tais teorias, e aqui se deve admitir que as objeções não parecem decisivas quando consideradas em si mesmas – isto é, não consideradas as tensões do argumento examinadas antes. Em sua maioria, essas objeções referem-se às dificuldades práticas que enfrentaríamos na tentativa de implementar um princípio utilitarista no lugar do princípio da diferença. Porém, os filósofos morais e políticos estão há muito cientes de tais objeções práticas, e a discussão de Rawls acrescenta pouco ao que tem sido habilmente dito por outros autores.

Passando para o próxima parágrafo (§ 50), Rawls, finalmente, aborda as teorias perfeccionistas. O argumento é de novo anticlimático, o que ocorre porque deveria ser óbvio que o argumento das liberdades básicas (empregado contra as teorias utilitaristas não mistas) será igualmente decisivo contra o perfeccionismo. Lembre-se de que as teorias perfeccionistas começam com uma concepção do bem como alguma forma específica de excelência humana – realização artística ou cultural, digamos, ou piedade religiosa. Elas, então, continuam a definir a justiça como algo que honra ou promove esse bem. É simplesmente incrível acreditar que as partes em uma posição original concordariam com tal doutrina: "reconhecer tal norma seria, na verdade, aceitar um princípio que poderia levar a uma menor liberdade religiosa ou de outra ordem, senão a uma perda de liberdade como um todo" (327; 288 Rev.). Considerando que o véu da ignorância oculta às partes todo o conhecimento de seus compromissos morais particulares e de outra natureza, elas, sem dúvida, não consentiriam tais restrições.

Isso traz o capítulo 5, e o argumento da posição original para a justiça como equidade, a um fechamento. Não se trata de uma conclusão surpreendente, porém. Muito melhor nesse aspecto é a parte final do capítulo 4 (§ 40), que, explicitamente reflete as profundas ligações entre a justiça como equidade e a filosofia moral de Kant. Ao considerar essas reflexões, voltamos ao início da discussão, retornando, em certo sentido, à motivação inicial que está por trás de *Uma teoria da justiça*. Lembre-se de que o objetivo primordial de Rawls foi desenvolver uma teoria da justiça social que pudesse servir como alternativa viável ao utilitarismo. O que ele percebeu foi que nasciam já na tradição do contrato social e da filosofia moral de Kant as ideias essenciais sobre as quais essa alternativa poderia ser construída.

Há muitos pontos relevantes de conexão entre a teoria da justiça social de Rawls e a filosofia moral de Kant, mas um ponto especialmente importante é a ideia de que (de acordo com Kant) ao atuar em um imperativo categórico, estamos de certa forma atuando autonomamente, isto é, estamos agindo de acordo com a regra que imporíamos a nós mesmos. A moralidade, como diz Rawls, é um "objeto de escolha racional" (251; 221 Rev.). Esse pensamento está expresso, por exemplo, na Fórmula da Lei Universal de Kant, que nos leva a agir de acordo com aquela máxima que desejaríamos fosse a máxima de todos. Antes, observamos que há, aparentemente, uma grave lacuna na Fórmula da Lei Universal. Parece perfeitamente aberta a possibilidade de que uma pessoa preconceituosa queira que todos sigam a máxima "sempre discriminar as minorias (mas não os outros)", desde que, suponhamos, ela saiba não fazer parte de um grupo minoritário. Felizmente, esse "defeito se corrige", observa Rawls, "pela concepção da posição original" (255; 224 Rev.). O véu da ignorância impede que as partes em uma posição original conheçam suas características particulares. Isso efetivamente as obriga a universalizar seus desejos da maneira correta: sem saber se elas próprias são parte da maioria ou da minoria, serão compelidas a adotar princípios que sejam justos para todos.

Tendo, assim, fechado a brecha, Rawls pode elaborar a visão subjacente de que autonomia é agir a partir da regra que imporíamos a nós mesmos. O mesmo pensamento está expresso na teoria de Rawls como a ideia de que uma sociedade justa é aquela em que a estrutura básica reflete aqueles princípios de justiça social que os cidadãos escolheriam para si mesmos sob condições justas. Tal sociedade constituiria, na medida em que isso fosse possível em termos reais, um esquema voluntário de cooperação mútua. Consultados sob condições justas (isto é, em uma posição original), os cidadãos jamais aceitariam os princípios do utilitarismo, o qual pode frequentemente acarretar o sacrifício dos interesses de alguns em nome do benefício de outros. Tais princípios violariam a fórmula da humanidade de Kant, que nos leva a nunca tratar as outras pessoas meramente como meios. Em vez disso, de acordo com Rawls, os cidadãos adotariam os princípios da justiça como equidade.

Questões para estudo

1. Como o argumento da posição original pode ter sucesso ao abordar o problema da justiça intergeracional?
2. Rawls conseguiu demonstrar que as partes na posição original escolheriam a justiça como equidade em detrimento de todos os concorrentes da lista de alternativas?

3.11 A JUSTIÇA E O INDIVÍDUO (§§ 18-19, 51-59)

Embora a segunda parte de *Uma teoria da justiça* intitule-se "Instituições", o capítulo final da parte dois (capítulo 6) não parece diretamente lidar com as instituições. Pelo contrário, discute as deveres e obrigações dos indivíduos na medida em que se relacionam com a justiça. Isso representa uma espécie de desvio do programa central do livro de Rawls, que enfoca o problema da justiça social, isto é, o problema de determinar quais instituições e práticas sociais e políticas seriam mais justas. Por que esse desvio aparece na parte de uma *Uma teoria da justiça* dedicada às instituições?

Rawls de fato só explica claramente a conexão entre os dois tópicos quando o capítulo já está bem desenvolvido. Ela está mais bem ilustrada, talvez, em um exemplo que é de interesse especial para o autor: a desobediência civil. Lembre-se de que enquanto Rawls começava a escrever *Uma teoria da justiça* o movimento dos direitos civis estava obtendo uma de suas maiores vitórias, e, quando Rawls estava finalizando o livro, protestos contra a Guerra do Vietnam tomavam a nação. A questão da desobediência civil foi, assim, um tema de interesse muito vivo dos americanos em geral, e também de Rawls (visto que ele se opôs à guerra e estava em condição de influenciar o não alistamento de seus alunos em Harvard). Até que ponto somos obrigados, por uma questão de justiça, a obedecer às exigências impostas pelas instituições e políticas de nossa sociedade? Até que ponto a justiça exige que desobedeçamos as instituições e políticas quando são manifestamente injustas? Essas questões são importantes e, no momento em que Rawls estava escrevendo, eram inevitáveis. Assim, faz sentido tentar resolvê-las logo após completar a discussão de como os princípios de justiça social e as instituições e políticas de uma sociedade justa se relacionam entre si.

Caracteristicamente, Rawls aborda as questões relevantes de uma forma desapaixonada, através das lentes da teoria ideal. Suponha que as partes em uma posição original tenham inicialmente formulado uma concepção de justiça semelhante à justiça como equidade. Seu próximo trabalho, como vimos, é descobrir que tipos de instituições sociais e políticas melhor refletem os princípios dessa concepção, e a "sequência de quatro estágios" sugere um procedimento para fazer isso. Nas segunda e terceira etapas da sequência, os princípios de justiça como equidade são aplicados ao desenho das instituições políticas e das políticas sociais, respectivamente. Uma vez que instituições e políticas razoavelmente justas tenham sido elaboradas, caberá aos representantes do poder público e aos cidadãos implementar essas instituições e políticas. Esse é o quarto estágio. Nele, os indivíduos precisarão de outros princípios para orientar sua conduta pessoal. Quais são os princípios apropriados? *Grosso modo*, poderíamos dizer que as pessoas têm algum tipo de obrigação ou dever de respeitar as instituições e políticas na medida em que estas sejam justas, ou seja, na medida em que estiverem de acordo com os dois princípios de justiça como equidade, mas não se ocorrer o contrário. Isso, naturalmente, deixa a porta aberta para a desobediência civil nos casos em que as instituições ou políticas não forem justas. Antes de nos voltarmos a esse tópico, no entanto, há algumas complicações que teremos de enfrentar.

Essas complicações dizem respeito à *fonte* dos deveres e obrigações dos indivíduos. Aqui, é necessário observar que um percurso particularmente óbvio até tal fonte não está disponível para Rawls. Na tradicional doutrina do contrato social, nossa obrigação de obedecer à autoridade política deriva do nosso consentimento expresso ou implícito aos termos do contrato social. Em outras palavras, nós (o povo) concordamos em obedecer, desde que eles (os representantes do poder público) respeitem nossos direitos, e vice-versa. O contrato social assim deveria ser obrigatório, pela mesma razão que os contratos comuns são obrigatórios, porque temos a obrigação moral de respeitar as promessas que fazemos de boa fé. Essa obrigação moral é a fonte ou origem de nosso dever de obedecer. Esse caminho não está disponível para Rawls, no entanto, pela simples razão de que a posição original que ele vislumbra é estritamente hipotética. Ninguém é obrigado a executar um contrato de negócios feito hipoteticamente. Nós só estamos obrigados a respeitar os acordos que *realmente fizemos* (Dworkin 1973: 16-19). Assim, a fonte de nossas obrigações e deveres individuais com respeito à justiça deve ser encontrada em outro lugar. De acordo com Rawls, podem ser encontrados da mesma maneira que os princípios da justiça social geralmente o são: por meio do dispositivo da posição original (esse argumento aparece nos §§ 18-19 e nos §§ 51-52). Depois de se decidir por princípios de justiça social para as instituições, imagina-se que as partes devam considerar uma série de princípios possíveis para a conduta individual. Entre os vários princípios com os quais concordariam, acredita Rawls, dois são de especial importância: o que ele descreve como uma obrigação de equidade e o que descreve como um dever natural de justiça.[19]

A obrigação de equidade é, mais ou menos, a obrigação que uma pessoa tem "de fazer sua parte, conforme definido pelas regras de uma instituição", desde que, primeiro, "a instituição seja justa", e, segundo, que a pessoa "tenha voluntariamente aceitado os benefícios do que está acertado, ou aproveitado as oportunidades oferecidas para levar adiante seus interesses" (111-112; 96 Rev). Essa obrigação é o que pode ser chamado de obrigação relativa ao agente. Em outras palavras, é obrigatória para os indivíduos apenas na medida em que estejam relacionados aos outros de maneiras específicas. Suponha que Maria tenha prometido dar R$100,00 a João como pagamento por um favor. Primeiro, observe que ela não poderia estar sob essa obrigação se não tivesse aceitado o favor de João e ele o tivesse prestado apesar de ela não o ter aceitado. Observe também que, tendo aceitado o favor voluntariamente, a obrigação de Maria para com João não se cumpre se ela der os R$100,00 a outra pessoa. Nossa obrigação de cumprir nossas promessas é, assim, relativa ao agente, no sentido que se dá apenas entre agentes específicos humanos que estejam relacionados por meio de promessas reais. A obrigação de equidade, de acordo com Rawls, é igualmente relativa ao agente. Se algum grupo adotou um conjunto de instituições para benefício cooperativo, e se eu voluntariamente me envolvo na cooperação com os membros desse grupo, tirando vantagem do fato de que todos observam as regras que suas instituições impõem, nada mais justo que eu faça a minha parte, para observar e manter essas mesmas regras institucionais. No âmbito do quadro dessa teoria da justiça como equidade de Rawls, isso em geral significará observar e manter as fundamentais instituições políticas e sociais justas estabelecidas durante os dois estágios médios da sequência de quatro estágios.

A obrigação da equidade, porém, não será suficiente para todos os propósitos, por duas razões. A primeira, enfatizada por Rawls, é que ela se aplicará apenas às pessoas que tenham ativa e voluntariamente aproveitado as oportunidades oferecidas pela estrutura básica. Pode não se aplicar aos indivíduos que nunca apoiaram a estrutura básica de suas sociedades, ou talvez aos indivíduos que puderam argumentar que pessoalmente foram prejudicados pelo arranjo atual de tal estrutura. A obrigação da equidade, assim, se aplica mais fortemente a "quem assume cargo público, digamos, ou a quem, estando mais bem situado, tenha feito valer suas metas no âmbito do sistema" (116; 100 Rev.). A força dessa obrigação pode ser muito mais fraca, ou mesmo negligenciável, para os outros. A segunda, e talvez mais importante, razão que Rawls não menciona explicitamente é que a obrigação de equidade propicia pouca orientação aos indivíduos naquelas situações nos quais as instituições estão simplesmente ausentes. Não é necessário dizer que não temos obrigações ou deveres de justiça nesses casos.

É por essas razões que Rawls apresenta o dever natural de justiça. Diferentemente da obrigação de equidade, o dever natural de justiça não se relaciona ao agente – é, antes, o que poderíamos chamar de dever universal. Suponhamos que Maria encontre alguém que tenha escorregado em um córrego, batido a cabeça e desmaiado. Sem a ajuda dela, a pessoa se afogaria, mas com a ajuda dela, salvar-se-ia facilmente. Sem dúvida, Maria tem obrigação de ajudar. Observe que o dever dela aqui não depende de ter alguma relação especial com essa pessoa, nem de ter previamente voluntariado para aceitar a responsabilidade de ajudar os outros em geral. O dever de salvar é universal. O dever natural de justiça, de acordo com Rawls, é similar. É nosso dever universal "apoiar e concordar com instituições justas que existam" e também "incentivar procedimentos justos ainda não realizados, pelo menos quando isso puder ser feito sem muito custo para nós" (115; 99 Rev.). De acordo com este dever, os indivíduos devem se esforçar em criar instituições justas quando elas não existem e, geralmente, estar de acordo com elas, quando existirem. Ressalte-se novamente, que, no âmbito da teoria de Rawls, instituições justas referem-se às instituições políticas e sociais básicas estabelecidas durante os dois estágios intermediários da sequência de quatro estágios.

Nos §§ 51-52, Rawls procura mostrar que esses dois princípios para os indivíduos, entre alguns outros, seriam certamente objeto de acordo em uma posição original por trás de um véu de ignorância. Não há dificuldade em ver por que isso deveria ser assim. O que é mais difícil é ver como o acordo pode resolver nosso problema inicial, a saber, descobrir a fonte de obrigações e deveres individuais que dizem respeito à justiça. Suponha que concedamos que a justiça social é aquilo sobre o que haveria (hipoteticamente) acordo entre as pessoas, em uma posição original. O que então restringe a expansão da justiça social, isto é, o conteúdo desse acordo? O dever natural de justiça. Mas o que é o dever natural de justiça? Aparentemente, é o princípio, para os indivíduos, sobre o qual as pessoas (hipoteticamente) concordariam na posição original. O que, então constrange os indivíduos a observar *esse* dever, isto é, o conteúdo de seu (segundo) acordo sobre a melhor forma de levar adiante o conteúdo do seu (primeiro) acordo? O argumento parece caminhar para uma regressão infinita, e Rawls, infelizmente, não nos fornece uma maneira óbvia de escapar disso.

Talvez a solução mais generosa seja enfatizar a palavra "natural" na expressão de Rawls "o dever natural de justiça". O pensamento aqui é que existem algumas obrigações morais ou deveres que são simplesmente primitivos, isto é, obrigações ou deveres que não podem ser derivados de algum tipo de acordo voluntário anterior, hipotético ou não. De fato, parece haver algo um pouco incongruente em uma teoria da justiça baseada principalmente em um consentimento que não pode sustentar a lógica do consentimento até o fim, mas talvez isso seja inevitável. Para "tirar do chão" um argumento baseado em consentimento, pode simplesmente ser necessário propor alguns compromissos morais iniciais, *prima facie*, que não derivem de consentimento. Se assim for, podemos dizer que o dever natural de justiça é precisamente esse compromisso moral primitivo. Podemos, assim, ler o argumento de Rawls como uma tentativa de demonstrar que as partes em uma posição original *reconheceriam* que já estão vinculadas por algo como um dever natural de justiça. O trabalho dessas partes na posição original é, então, determinar as instituições e práticas justas a que esse dever natural se refere – as instituições e práticas que elas deveriam criar, respeitar e observar.

Suponha que concordemos com Rawls e aceitemos que algo como o dever natural de justiça e a obrigação da equidade geralmente impõem aos indivíduos concordar com instituições e políticas justas. Isso nos leva de volta à questão feita na abertura deste subcapítulo: até onde vão esses deveres e obrigações? Com relação à obrigação de equidade, o autor observa que "não é possível estar vinculado com instituições injustas, ou pelo menos com instituições que excedam os limites toleráveis de injustiça" (112; 96 Rev.). Presumivelmente, o mesmo se aplica ao dever natural de justiça. Segue-se daí que os indivíduos claramente têm o direito de envolver-se em pelo menos métodos não violentos de desobediência a instituições e a políticas injustas. Com efeito, em sociedades seriamente injustas, "a ação militante e outros tipos de resistência são com certeza justificados", de acordo com Rawls (368; 323 Rev.). Mas esses casos são menos interessantes filosoficamente. Mais interessante é o caso de uma sociedade razoavelmente justa com apenas algumas poucas instituições e políticas injustas; e mais interessante de tudo é o caso-limite de uma sociedade totalmente justa, na qual os dois princípios de justiça como equidade foram implementados tão cuidadosamente e tão minuciosamente quanto possível sob as condições do mundo real. Teria a desobediência civil um papel em tais sociedades inteiramente ou quase inteiramente justas? Surpreendentemente, talvez, a resposta é sim.

Rawls explica as razões para essa resposta nos §§ 53-54. Em poucas palavras, essa questão se resume às limitações inerentes à nossa capacidade de conceber instituições políticas e jurídicas. Lembre-se de que, no segundo estágio da sequência de quatro estágios, deveríamos imaginar uma convenção constitucional na qual as instituições políticas e jurídicas básicas são projetadas de acordo com duas considerações principais: primeiro, que as instituições políticas e jurídicas fundamentais devem refletir as igualdades básicas iguais garantidas pelo primeiro princípio da justiça como equidade; segundo, que entre o conjunto de possíveis configurações constitucionais que satisfazem o princípio das liberdades básicas iguais, devemos selecionar a que podemos esperar ser mais confiável na geração de políticas públicas que promovam os outros objetivos da justiça como equidade, a saber, assegurar a igualdade de oportunidade justa e maximizar as perspectivas dos menos favorecidos. Claramente, a segunda consideração representa um exemplo do que Rawls chama de "justiça procedimental imperfeita" (ver nossa discussão em 3.4.4). Nosso objetivo, ao adotar um procedimento – o procedimento da regra da votação da maioria, por exemplo – é maximizar a probabilidade de que políticas justas, e não injustas, sejam produzidas. Mas, infelizmente, "não há nenhum processo político viável que garanta que as leis promulgadas em conformidade com ele sejam justas". Rawls observa que "em assunto políticos, a justiça procedimental perfeita não pode ser alcançada" (353, 311 Rev.). Daqui se conclui que mesmo em uma sociedade plenamente justa, e, certamente, em uma sociedade um pouco menos do que totalmente justa, o sistema político gerará, pelo menos, algumas leis e políticas injustas.

Devemos desobedecer a essas leis injustas e políticas? Em geral, de acordo com Rawls, não. O dever natural da justiça e a obrigação de equidade compelem-nos a respeitar os resultados (imperfeitos) de um sistema político que é em grande parte justo de acordo com os dois princípios de justiça como equidade. Há exceções, porém, em que Rawls acredita que a desobediência civil seja tanto permitida quanto apropriada. A desobediência civil é definida como "um ato político público, não violento, consciente e político contrário à lei, geralmente feito com o objetivo de provocar uma mudança na lei de políticas de um governo" (364; 320 Rev.). Aqui Rawls está claramente se referindo ao movimento americano pelos direitos civis dos anos 1950 e 1960 como seu modelo. Em que circunstâncias esse tipo de desobediência é admissível e adequado? De acordo com Rawls, existem três condições (372-375, 326-329 Rev.): a primeira é que a injustiça em questão seja substancial e clara; a segunda é que as tentativas de chegar a reformas por meio de processos políticos ordinários tenham sido feitas de boa-fé e não tenham obtido êxito; e a terceira é que também não muitos grupos se envolvam com a desobediência civil ao mesmo tempo, minando o sistema legal. Que tipo de injustiças são consideradas "substanciais e claras"? Somente as que infringem gravemente o princípio das liberdades básicas iguais e violam ostensivamente o princípio da justa igualdade de oportunidades. As injustiças decorrentes do princípio da diferença, aparentemente, nunca serão suficientemente claras ou substanciais nesta perspectiva.[20]

Tendo, assim, defendido o recurso à desobediência civil, pelo menos em certas circunstâncias, Rawls passa (no § 59) a argumentar que ele pode ser um fator de estabilização – e não de desestabilização – em uma sociedade justa. A desobediência civil, sugere ele, "pode ser entendida como uma forma de abordar o sentido de justiça da comunidade, uma invocação dos princípios reconhecidos de cooperação entre iguais" (385; 337 Rev.). Ao invocar os princípios da justiça, a minoria que se envolve com a desobediência civil envolverá também a maioria na reflexão de seu compromisso com esses princípios. Além disso, aponta Rawls, a possibilidade de desobediência civil funciona como um não incentivo à adoção de leis e políticas injustas, em primeiro lugar. Assim, constatamos que a desobediência civil tem um papel importante, mesmo em uma sociedade que é, na maior parte, ou totalmente, justa, de acordo com os princípios da justiça como equidade.

Como um adendo a essa discussão, vale ressaltar brevemente que Rawls também considera o problema da recusa consciente, principalmente por meio do contraste com a desobediência civil. Ele define a recusa consciente como "a não concordância com uma injunção legal ou ordem administrativa mais ou menos direta" dirigida a um indivíduo em particular (368; 323 Rev.). Na época em que estava escrevendo, a instância de especial destaque foi, naturalmente, a recusa das pessoas em concordar com o alistamento para a Guerra do Vietnã, apesar de historicamente ter havido muitos outros casos. Já que a recusa consciente não tem um papel específico na teoria da justiça como equidade, mas é, ao contrário, uma questão de equilibrar nossos deveres e obrigações individuais relativos à justiça social com nossos outros compromissos morais pessoais, Rawls não entra em muitos detalhes aqui. Seus comentários são interessantes na medida em que esboçam brevemente um relato da justiça global a partir do qual podemos derivar princípios de guerra justa, o que nos oferece um exemplo não religioso acerca de onde podem vir nossos outros compromissos morais. Algum tempo depois, em seu livro *The law of peoples* (1999b), Rawls desenvolve essa abordagem sobre a justiça global mais detalhadamente.

Questões para estudo

1. Até que ponto é uma objeção para uma teoria de justiça social baseada no consentimento ter de depender de alguns deveres e obrigações morais que não derivam, por sua vez, do consentimento?
2. É apropriado limitar o uso da desobediência civil a claras violações do princípio das liberdades básicas iguais e do princípio da justa igualdade de oportunidades?

3.12 A BUSCA DA ESTABILIDADE (§§ 60-87)

Aqui, chegamos à terceira e última parte de *Uma teoria da justiça*. Embora esta parte tenha bem mais de 150 páginas, nossa discussão ficará limitada a uma única seção. A razão para isso já foi explicada. O objetivo de Rawls, na parte três, é dar conta da estabilidade: em outras palavras, demonstrar que em uma sociedade bem-ordenada, cuja estrutura básica reflita os dois princípios de justiça como equidade, os cidadãos tendem a endossar e apoiar a justiça social. Mais tarde, Rawls passou a considerar sua concepção de estabilidade como profundamente falha e, de fato, internamente incoerente com a teoria como um todo. Assim, desenvolveu uma nova concepção de estabilidade, baseada na ideia do que ele chamou de "consenso sobreposto" (veja especialmente Rawls 1985, 1993). Pelo fato de essa nova concepção ter substituído a antiga, é normal dar pouca atenção à terceira parte de *Uma teoria da justiça*. À luz desses desdobramentos, o objetivo deste subcapítulo será o de explicar brevemente a concepção de estabilidade conforme ela apareceu na parte três, além de entender por que Rawls mais tarde veio a considerar a concepção insatisfatória.[21]

Em *Uma teoria da justiça*, Rawls entende a concepção de estabilidade essencialmente como uma solução para o que denomina de "problema de congruência". Suponha que tenhamos estabelecido uma sociedade bem-ordenada cuja estrutura básica reflita os dois princípios da justiça como equidade. Para que essa sociedade seja estável, na perspectiva de Rawls, o fato de adotar algo como o natural dever da justiça como parte central da concepção pessoal do bem deve ter sentido para todo cidadão. Ao fazê-lo, os cidadãos não só se esforçariam por observar e manter as instituições e políticas justas em suas ações, mas também moldariam seus próprios objetivos e metas pessoais de forma a refletir um compromisso com a justiça social. Eles podem, por exemplo, formular apenas aqueles tipos de planos de vida pessoais que sejam coerentes com a consideração dos outros como cidadãos livres e iguais. Ninguém se disporia a tornar-se um feitor de escravos ou a incentivar a intolerância religiosa. Na linguagem de Rawls, uma pessoa que adota algo como o dever natural da justiça como parte de sua concepção pessoal do bem afirma a justiça "como reguladora do seu plano de vida" (567; 497 Rev.). As sociedades bem ordenadas em que todos, ou quase todos, os cidadãos incorporaram a justiça social em suas concepções pessoais do bem serão altamente estáveis por razões bastante óbvias: uma vez que nenhum dos cidadãos em tais sociedades tem boas razões para resistir ou minar suas instituições e políticas, o sistema social como um todo constitui um equilíbrio especialmente robusto. O problema da congruência, então, é o problema de demonstrar que é realmente possível para a concepção precisa de justiça como equidade encontrar um "lugar confortável" dentro das concepções que as pessoas têm do bem – deve-se de alguma forma demonstrar que nossa teoria de justiça social e nossa teoria do bem para uma pessoa são "congruentes" entre si.

Rawls tenta resolver o problema da congruência em três etapas, que correspondem aproximadamente aos três capítulos da parte três. No primeiro estágio (capítulo 7), ele tenta articular uma teoria muito geral (ou "delgada", ou "fina") do bem – que chama de "bondade como racionalidade". A necessidade de uma teoria desse tipo surge porque, como temos repetidamente observado, as pessoas não compartilham de uma única concepção do bem. Essas concepções diferentes do bem surgem do fato óbvio de que em sociedades grandes e diversificadas, pessoas diferentes adotam planos diferentes de vida: algumas objetivam tornarem-se médicos talentosos, outras, cristãos fiéis, outras, defensoras do meio ambiente, e assim por diante. O que é bom para cada pessoa, inevitavelmente, dependerá, em certa medida, do seu plano particular de vida. Para o efeito de abordar o problema da congruência, no entanto, é necessário dispor de uma teoria geral que capte o que todas estas concepções particulares têm em comum. O que elas têm em comum, de acordo com Rawls, é a racionalidade. Resumidamente, as concepções racionais do bem devem satisfazer duas condições. Primeiro, devem possuir um certo tipo de coerência interna. Por exemplo, embora possa ser irracional querer-se ficar rico e ao mesmo tempo ir para o seminário, não o é querer ser bom cristão e ir para o seminário: este último plano tem a coerência interna que falta ao primeiro. Em segundo lugar, também devem ser capazes de suportar algum grau razoável de reflexão deliberativa. Em outras palavras, uma concepção do bem seria irracional se sua plausibilidade dependesse de informações equivocadas ou de uma falha ao considerar o quanto estivesse adequada aos talentos e habilidades da pessoa em questão. A teoria "fina" do bem como racionalidade é, portanto, apenas a visão de que é sempre melhor *para* uma pessoa basear a sua concepção particular de bem em um plano racional de vida.

No segundo estágio de sua discussão (capítulo 8), Rawls tenta demonstrar que em uma sociedade bem-ordenada, regida pelos princípios de justiça como equidade, as pessoas geralmente tendem a desenvolver o que ele descreve como "senso de justiça" – aproximadamente, uma disposição psicológica para se preocupar com a justiça social em alguma medida. Quando uma pessoa tem um senso de justiça eficaz, incluirá, entre as diversas metas ou objetivos que constituem o seu plano de vida particular a meta ou objetivo específico de promover a justiça social. Embora Rawls não utilize especificamente essa linguagem, podemos pensar no senso de justiça como um desejo de fazer o que o dever natural da justiça requer que façamos. A fim de mostrar que um senso de justiça por parte dos cidadãos tenderá a surgir nas sociedades regidas pelos princípios de justiça como equidade, Rawls se baseia em uma série de suposições extraídas da psicologia social básica. Embora os detalhes dessa história sejam complexos, a essência dela é que Rawls considera um "fato psicológico profundo" que os seres humanos sejam movidos, pelo menos até certo ponto, por uma espécie de instinto de reciprocidade. Ou seja: temos uma tendência de "responder na mesma moeda", prejuízo com prejuízo, benefício com benefício (494; 433 Rev.). Crescendo em uma sociedade organizada como um sistema justo de cooperação mútua, acredita ele, a maioria das pessoas tenderá a desenvolver o sentido de que devem contribuir com sua própria parcela ao sistema que os tenha beneficiado. Idealmente, esse sentimento acabará por amadurecer em um sentido de justiça eficaz. Embora plausível, esta é, naturalmente, uma afirmação empírica que requer suporte probatório das ciências sociais. Por uma questão de argumentação, no entanto, suponhamos que seja mais ou menos verdadeira. Isso nos leva à terceira e última fase (capítulo 9) da discussão.

A fim de entender o que está acontecendo neste terceiro estágio, devemos observar que um senso de justiça eficaz não é necessariamente suficiente para os fins pretendidos por Rawls. Não é suficiente que os cidadãos *tenham* meramente um desejo de promover a justiça se esse desejo não for forte o bastante para *regular* os seus planos de vida. A fim de garantir a estabilidade de uma sociedade bem-ordenada, o senso de justiça dos cidadãos deve ser forte o suficiente para realmente superar quaisquer desejos ou inclinações contrárias que possam atuar para minar a estabilidade. Para complicar ainda mais as coisas, Rawls insiste que o senso de justiça deve ser forte da maneira certa. Ele não quer chegar à estabilidade somente por meio de um programa de doutrinamento que efetivamente transforme cidadãos em autômatos apaixonados pela justiça. A estabilidade em questão deve ser o tipo certo de estabilidade. Para Rawls, isso basicamente significa demonstrar que é *racional* para as pessoas incorporarem um senso de justiça em suas concepções respectivas de bem – racional tanto no sentido de que o senso de justiça coincida com os seus outros objetivos e metas, e também no sentido de que sua inclusão suportará a reflexão deliberativa. Se pudermos demonstrar isso, teremos mostrado que a teoria da justiça como equidade é congruente com a teoria "fina" da bondade como racionalidade. A demonstração que aparece no capítulo 9 tem, *grosso modo*, dois lados. Por um lado, Rawls tenta mostrar que em uma sociedade regida por dois princípios de justiça como equidade, muitos dos tipos usuais de desejos e inclinações desestabilizadores serão em grande parte mitigados. Por exemplo, não haveria qualquer base racional para a inveja por parte dos menos favorecidos em uma sociedade que sinceramente se esforce em implementar o princípio da diferença. Se Rawls estiver certo sobre isso, nosso senso de justiça terá menos resistência psicológica a superar. Por outro lado, Rawls tenta demonstrar que é realmente racional aceitar um sistema justo de cooperação mútua regido pelos princípios de justiça como equidade, independentemente da nossa concepção particular do bem. *Grosso modo*, isso ocorre porque, primeiro, é somente por nossa participação em um sistema desse tipo que podemos realizar plenamente nossos talentos e habilidades; segundo, ao afirmar o sistema, estamos expressando a nossa autonomia no sentido kantiano de viver de acordo com as regras que estabelecemos para nós mesmos.

É assim que, em linhas gerais, a concepção de estabilidade apareceu na terceira parte de *Uma teoria da justiça*. Mas o que levou Rawls a mudar de ideia? A dificuldade foi causada por sua crescente valorização daquilo que mais tarde chamou de "pluralismo razoável". Já observamos que nas grandes e diversas sociedades, as pessoas naturalmente tendem a formular diferentes concepções do bem com base em diferentes planos de vida. Não obstante, o que Rawls imaginou foi uma sociedade bem-ordenada, em que todos defendessem a mesma concepção de justiça como equidade, com base nos mesmos pressupostos. A concepção do bem por parte de cada cidadão em particular deveria servir como uma espécie de módulo intercambiável dentro do que Rawls mais tarde chamaria de uma "doutrina abrangente". A doutrina abrangente em questão era uma espécie de visão kantiana de uma sociedade totalmente voluntarista – uma sociedade em que, por meio de nossa afirmação da justiça como equidade, cada um de nós expressa tanto nossa própria autonomia pessoal quanto nosso respeito pelos outros como fins distintos e valiosos em si mesmos. Mas aqui reside a contradição. É precisamente nas sociedades liberais respeitantes do primeiro princípio da justiça como equidade que as pessoas naturalmente tendem a formular não só diversas concepções do bem, mas também diversas doutrinas abrangentes. Claro que isso não seria um problema (filosoficamente, pelo menos) se a doutrina abrangente kantiana fosse simplesmente verdadeira, e as outras, falsas. Nesse caso, nós poderíamos simplesmente descartar a mais profunda espécie de diversidade como resultado da ignorância. Infelizmente, não é este o caso. Não podemos estabelecer com certeza que a doutrina abrangente kantiana é verdadeira, e as outras, falsas. Mesmo depois de descartar as doutrinas abrangentes que claramente derivam de premissas falsas ou erros de raciocínio, restará uma série de doutrinas abrangentes que parecerão todas razoáveis. Esse fato é o pluralismo razoável.

O pluralismo razoável requer uma concepção inteiramente nova de estabilidade. Sem entrar em detalhes, o que Rawls propõe em seus últimos escritos é que adotemos uma instância mais modesta em relação à justiça como equidade. Em vez de considerar a justiça como equidade parte e parcela de uma determinada teoria abrangente kantiana, começamos com o pressuposto de que esta é apenas uma de várias doutrinas abrangentes igualmente razoáveis. Assim como as diversas concepções do bem podem servir como módulos de uma determinada doutrina abrangente, também o podem as diversas concepções de justiça social. Embora uma sociedade possa beneficiar-se de ter uma diversidade de concepções do bem, ela deve ter uma concepção pública amplamente compartilhada de justiça social, a fim de resolver disputas concernentes à configuração de sua estrutura básica. O truque está em encontrar uma única concepção de justiça social que possa se enquadrar como um módulo dentro de todas as doutrinas abrangentes razoáveis. Rawls se esforça, em seus últimos escritos, por demonstrar que a justiça como equidade pode fazer isso – que ela pode servir como o foco do que ele chama de um "consenso sobreposto" de doutrinas abrangentes razoáveis (ver esp. Rawls 1985, 1993). Isso força uma série de alterações para a justiça como equidade. Entre outras coisas, a justiça como equidade deve estar livre de todas as dependências residuais da doutrina abrangente kantiana, de modo que possa se tornar "independente", como diz Rawls. Uma concepção independente de justiça social não depende da verdade de qualquer doutrina abrangente em particular e, assim, pode atuar mais facilmente como um módulo dentro de muitas doutrinas diferentes. A fim de tornar a sua concepção independente, Rawls modifica sua noção de bens primários e seu argumento para o ordenamento lexical dos dois princípios de justiça, por exemplo. Uma discussão detalhada sobre essas mudanças, entretanto, nos levaria muito além do âmbito deste Guia de Leitura.

Uma teoria da justiça não tem uma conclusão propriamente dita. O parágrafo final do capítulo 9 (§ 87) mais ou menos cumpre esse papel. Nele, Rawls analisa a natureza do argumento de sua concepção de justiça como equidade. Este argumento, como vimos na discussão do equilíbrio reflexivo (ver Seção 3.3), não é nem um argumento fundador nem um argumento naturalista. Um argumento da natureza fundadora começaria com um pequeno conjunto de primeiros princípios considerados como verdades autoevidentes, e tentaria derivar uma teoria da justiça a partir dessa base. Um argumento naturalista tentaria relacionar as proposições morais a não morais, e depois prosseguiria em busca de evidências empíricas de que as últimas são de fato verdadeiras. Por outro lado, o método do equilíbrio reflexivo busca uma maior coerência entre os nossos pontos de vista morais e não morais. O argumento de *Uma teoria da justiça* deveria ser, portanto, o de que a justiça como equidade, mais do que o utilitarismo ou outras concepções concorrentes de justiça social, se encaixa e dá conta dos valores e crenças com os quais já estamos mais fortemente comprometidos. Esses compromissos mais fortes incluem, por exemplo, a nossa crença na injustiça da escravidão e a nossa convicção de que a justiça é a primeira virtude das instituições sociais. Em seu empolgante parágrafo final, Rawls sugere que o artifício da posição original permite-nos, de maneira singular, "reunir em um único sistema todas as perspectivas individuais e chegar, juntos, a princípios reguladores que podem ser afirmados por todos [...], cada um a partir de seu próprio ponto de vista" (587; 514 Rev.). Só assim, acredita o autor, podemos considerar a sociedade de um ponto de vista imparcial, ao mesmo tempo respeitando a singularidade de cada vida humana.

Questões para estudo

1. Em que medida o argumento de *Uma teoria da justiça* depende de uma controversa concepção kantiana da autonomia humana?
2. Rawls obtém êxito em sua principal meta: oferecer uma alternativa impositiva e poderosa ao utilitarismo?

NOTAS

1. Observe aqui que, como ilustra o exemplo, os utilitaristas não são necessariamente indiferentes à distribuição de outras coisas distintas da felicidade, uma vez que a distribuição de coisas, como os bens materiais, pode ter um impacto sobre a soma de felicidade total.
2. Note-se que uma quarta possibilidade (que combina o princípio da diferença com a igualdade formal de oportunidades) é designada como a interpretação da "aristocracia natural", mas ela não é discutida detalhadamente (74-75; 64-65 Rev.).
3. Isto é, assumindo que não haja custos de transação. Considerando que os custos de transação sejam suficientemente baixos, no entanto, a tese geral sustentar-se-á até um certo ponto.
4. Ou pelo menos poderia ser, na medida em que a nossa disposição para cultivar nossos talentos e habilidades não depende, em parte, por sua vez, "de circunstâncias sociais e familiares favoráveis", das quais, aparentemente, Rawls acredita que dependa (104, 89 Rev.). No entanto, como veremos, a principal linha de argumentação não depende desta afirmação controversa.
5. Mais precisamente, nenhuma recompensa além do prazer intrínseco que se pode obter com o cultivo de um talento. Não temos razão para acreditar, no entanto, que tais prazeres intrínsecos gerarão incentivos socialmente ótimos.
6. A discussão deste subcapítulo também pode ser comparada com a encontrada nos §§ 47-48, que esclarecem e sustentam as observações que se seguem.
7. Rawls esboça uma teoria da "bondade como racionalidade", a partir da qual essas conclusões particulares devem derivar, nos §§ 61-64 do capítulo 7 (ver 3.12).
8. O papel deste pressuposto no argumento da justiça como equidade será discutido em 3.8.1, e seu papel no problema da justiça intergeracional em 3.10.1.
9. Em termos rigorosos, é claro, essa conclusão só é válida se – de modo muito parecido com o que ocorreu com o primeiro filho do fazendeiro morto – a pessoa presumir que receberá a última (e, portanto, provavelmente, a pior) parte. O véu da ignorância, como descrito por Rawls, na verdade não garante esta suposição, uma vez que impede que as pessoas na posição original conheçam *qual* parte será delas. Mais informações sobre este assunto serão apresentadas mais adiante.
10. Observar que, na medida em que o seguinte argumento é válido, pode-se dizer que uma pessoa na posição original pode escolher princípios *como se* para "uma sociedade em que seu inimigo deve atribuir-se o lugar" (152; 133 Rev.). Esta caracterização do cenário relevante de escolhas, mais proeminente em versões anteriores de sua teoria (p. ex., Rawls 1958: 54), é minimizada em *Uma teoria da justiça*.
11. No argumento de liberdades básicas, Rawls não afirmou que as pessoas são avessas ao risco, mas sim que, sob certas condições específicas, *deveriam* ser: sua reivindicação era sobre a natureza da racionalidade, não sobre a psicologia humana. A dificuldade agora é que as condições exigidas aparentemente não se aplicam quando se trata do segundo princípio.
12. Rawls expande esta concessão elíptica em vários pontos da segunda parte de *Uma teoria da justiça*: ver 3.9 e 3.10.
13. Especificamente para o § 82 no capítulo 9. Lá, ele sugere que as partes na posição original reconhecerão que, como a pressão para satisfazer as necessidades materiais urgentes diminui com o desenvolvimento econômico e cultural, o valor relativo das liberdades fundamentais deve, ao final, predominar. Infelizmente, esta observação, mesmo se for verdadeira, não tem nada a acrescentar ao que foi proposto (Hart 1973: 249-252). Em escritos posteriores, Rawls tentou preencher a falta do argumento pela prioridade (veja especialmente Rawls 1993: 310-340).

14. Em particular, sua discussão deve muito a Mill (1848) e Meade (1964).
15. Alguns leitores observaram que, ao admitir essa necessidade, Rawls eficazmente implica a existência de um terceiro princípio de justiça social, anterior ao primeiro princípio da justiça como equidade. Esse terceiro princípio exige que as sociedades atravessem um certo limiar mínimo de desenvolvimento econômico antes de tentar implementar plenamente liberdades básicas iguais (ver Barry 1973: 60-76, Pogge 1989: 134-148).
16. Expressar essa relação dessa forma pode explicar o curioso fato de que em toda *Uma teoria da justiça*, mesmo depois de explicitamente enfatizar a prioridade da justa igualdade de oportunidades, o segundo princípio da justiça é sempre escrito com o princípio da diferença em primeiro lugar; isso também revela essa discussão como sendo parte da discussão da justiça intergeracional nos §§ 44-45, que também introduz uma restrição paralela ao princípio da diferença. Dito isso, em escritos posteriores, Rawls em geral apresenta as duas frases na ordem que reflete sua prioridade real.
17. Em certos ambientes econômicos, pode acontecer que o princípio da poupança justa não restringirá realmente o princípio da diferença. Isso aconteceria se as perspectivas dos menos favorecidos fossem de fato otimizadas por uma configuração de instituições e políticas econômicas que já gerasse as economias necessárias, ou mais.
18. Para traçar um paralelo, imagine que as partes na posição original soubessem que haveria dois grupos na sociedade, o grupo A e o grupo B, e que elas fossem membros do grupo B. Se fossem estritamente racionais, elas poderiam adotar uma regra que obrigasse todos os membros de A a servir os interesses do grupo B. Note que ocultar o tamanho relativo dos dois grupos não altera em nada o resultado. Da mesma forma, ocultar a que geração as partes pertencem nada causa, desde que cada uma saiba que não é um membro de uma das gerações anteriores, independentemente de quantas tenham existido.
19. Note que Rawls observa uma distinção terminológica entre as obrigações (que ele considera como decorrentes de atos voluntários) e os deveres (que ele não considera) que em geral não se estabeleceu na literatura. A discussão aqui, de acordo com isso, não vai enfatizar essa distinção.
20. Ao considerar essas questões em uma seção anterior, no entanto, Rawls caracterizou essa condição de modo um pouco diferente. Lá, ele indicou que "o ônus de longo prazo da injustiça deve ser mais ou menos uniformemente distribuído aos diferentes grupos da sociedade, e as dificuldades das políticas injustas não devem pesar em demasia em qualquer caso particular". Daqui se conclui que "o dever de cumprir é problemático para as minorias permanentes que sofreram injustiça por muitos anos." (355; 312 Rev.). Isso pode ser simplesmente uma explicação da razão pelas quais as violações dos princípios de igualdade de oportunidade justa sejam consideradas como claras e substanciais, mas também pode sugerir condições em que as violações do princípio da diferença podem subir para tal nível. Rawls não esclarece a questão.
21 Para discussões mais detalhadas, no entanto, ver Barry (1995) ou Freeman (2007: especialmente capítulos 6-9).

4
RECEPÇÃO E INFLUÊNCIA

4.1 *UMA TEORIA DA JUSTIÇA* COMO CLÁSSICO

Tendo sido obra publicada há menos de 50 anos, é muito cedo para avaliar a importância histórica de *Uma teoria da justiça*. Não obstante, sua influência como obra de teoria política e filosofia, mesmo em um tempo tão curto, tem sido surpreendente. Assim, é razoavelmente seguro prever que o livro de Rawls virá a ser considerado como um dos poucos grandes clássicos filosóficos do século XX.

Isso não equivale a dizer que todos os teóricos políticos e filósofos concordam agora com Rawls, ou que há um consenso sobre os méritos de sua concepção da justiça como equidade. Longe disso, como veremos. Independentemente do resultado de tais debates e independentemente do fato de a concepção específica de justiça como equidade continuar ou não a receber apoio acadêmico significativo, há pelo menos três aspectos em que o livro de Rawls transformou decisivamente seu campo, praticamente garantindo seu *status* como clássico. O primeiro é que ele fez reviver a filosofia política (e até certo ponto a filosofia moral), retirando-a da relativa obscuridade, na metade do século XX. Na época em que Rawls começou sua obra, na década de 1950, a filosofia política havia se tornado uma disciplina moribunda. *Uma teoria da justiça* mudou completamente esse estado de coisas: é agora um campo muito respeitado de estudo, que conta com o interesse de milhares de acadêmicos. O segundo é que o livro terminou decisivamente com a hegemonia do utilitarismo sobre a filosofia moral e política. Embora o utilitarismo certamente mantenha um sério e respeitado – ainda que muito diminuído – número de seguidores, já não é mais a única possibilidade no horizonte. Não apenas as teorias contratualistas são agora consideradas uma alternativa viável; na esteira do sucesso inicial de Rawls, muitas novas teorias também surgiram.

A terceira transformação operada por *Uma teoria de justiça* é consideravelmente mais sutil do que as duas primeiras, embora, talvez, em última análise, ainda mais significativa. Ela diz respeito ao próprio quadro conceitual no qual opera a filosofia política. Parte da razão por que a filosofia política havia entrado em declínio foi por não ter acompanhado o ritmo da evolução registrada nos domínios mais amplos da filosofia e da ciência social. Esses campos tinham feito grandes avanços, no que diz respeito à sua sofisticação e rigor, desde o século XIX. Por outro lado, tornou-se cada vez menos claro como deveria ser um bom argumento na filosofia política, ou mesmo sobre o que ele deveria tratar. *Uma teoria da justiça* mudou tudo isso. Trata-se de uma grande obra, sofisticada e rigorosa, dirigida a problemas claramente importantes na filosofia política. Inicialmente, muitas pessoas não sabiam bem o que fazer com ela. Os métodos e técnicas utilizadas foram tão novos que muitas pessoas entenderam mal o que Rawls estava fazendo. (Isso fica evidente em algumas das primeiras resenhas feitas por filósofos e cientistas sociais, por exemplo.) Sua importância gradualmente aumentou, no entanto. Muitas das ideias básicas encontradas em *Uma teoria da justiça* – ideias como equilíbrio reflexivo, estrutura básica, bens primários, justiça procedimental, reciprocidade justa, entre outras, tornaram-se parte do repertório dos filósofos políticos: instrumentos do dia a dia, por assim dizer. Mesmo quando estão atacando pontos de vista específicos de Rawls e, na verdade, mesmo quando estão discutindo algo não fundamentalmente relacionado com Rawls, os teóricos e filósofos políticos contemporâneos, muito frequentemente, usam a linguagem de Rawls.[1]

Por estas razões, e talvez outras, *Uma teoria da justiça* é obra destinada a se tornar um clássico filosófico, mesmo que a sua concepção particular de justiça como equidade deixe de ter um significativo número de seguidores. O restante deste capítulo fará uma revisão de alguns dos debates mais significativos em torno de *Uma teoria da justiça* desde a sua publicação. Destes, provavelmente o mais significativo foi o assim chamado debate liberal-comunitarista da década de 1980.

4.2 O DEBATE LIBERAL-COMUNITARISTA

A fim de preparar o ambiente para este debate, é útil, primeiro, ter um sentido da direção que a filosofia política tomou nos anos imediatamente posteriores à publicação do livro de Rawls, em 1971. Como vimos neste guia de leitura, os argumentos apresentados em *Uma teoria da justiça* são extremamente complexos e possuem muitos aspectos que se inter-relacionam. Talvez não seja surpreendente, então, que, inicialmente, alguns aspectos da teoria fossem enfatizados, em detrimento de outros, nas discussões da academia.

Podemos lembrar, especificamente, que, no argumento da posição original, Rawls presume que o véu de ignorância esconderá das partes qualquer conhecimento de suas concepções particulares do bem. Os princípios da justiça que emergem da posição original poderiam então ser descritos como "neutros", no sentido de que sua derivação não depende da verdade ou da falsidade de qualquer concepção do bem em particular. Essa independência parece dar aos princípios de justiça um tipo de superioridade sobre determinadas concepções do bem. Por exemplo, seria errado impor políticas públicas sustentadas apenas por uma concepção controversa do bem, não compartilhada por todos os cidadãos, quando políticas públicas sustentadas por uma concepção universal do que é correto (os princípios supostamente neutros da justiça social) seriam mais aceitáveis. Essa ideia foi sintetizada em uma frase, derivada de várias passagens de Rawls: "a prioridade do correto sobre o bem ".

Nos anos imediatamente posteriores à publicação de *Uma teoria da justiça*, muitos teóricos políticos e filósofos começaram a enfatizar, fortemente, a ideia expressa nessa frase. Três exemplos bastante diversos ilustram essa tendência. Primeiro podemos considerar *Anarchy, state, and utopia*, de Robert Nozick, publicado em 1974. Essa obra pôs em questão a teoria da justiça como equidade, de Rawls, de um ponto de vista amplamente libertário. Nozick alçou os direitos individuais, contra qualquer tipo de interferência indesejada, ao papel de um padrão absoluto em relação ao qual todas as outras considerações morais e políticas eram consideradas triviais. Em sua opinião, o Estado não tem que se envolver em quaisquer tipos de projetos coletivos: seu único trabalho é fazer valer os nossos direitos individuais. Na medida em que os cidadãos têm concepções pessoais de bem, é inteiramente do arbítrio deles tentar concretizar essas concepções por meio de suas próprias atividades na esfera privada, desde que não violem os direitos dos outros nesse processo.

Dois outros livros escritos por intelectuais do Direito ilustram, da mesma forma, essa tendência: um é *Taking rights seriously*, de Ronald Dworkin, publicado em 1977; o outro é *Social justice in the liberal state*, de Bruce Ackerman, publicado em 1980. Curiosamente, ambos os autores são igualitaristas liberais, como Rawls, e, portanto, rejeitam as opiniões mais libertárias expressas na obra de Nozick. Não obstante, ambos demonstram a mesma tendência em enfatizar a prioridade do correto sobre o bem. Dworkin eleva o papel dos direitos individuais no discurso político, argumentando que eles devem ser entendidos como "trunfos" absolutos sobre políticas públicas cujas metas derivam de concepções controversas do bem.[2] Da mesma forma, Ackerman sustenta que quaisquer argumentos que dependam, de alguma forma, de concepções controversas do bem deveriam ser excluídos da esfera política: apenas argumentos estritamente neutros são fundamentos admissíveis para as políticas públicas.

Não constitui surpresa o fato de ter havido uma reação contra esses pontos de vista. O que é surpreendente, porém, é que a reação não assumiu uma forma de rejeição a essas ideias e de retorno a uma leitura mais equilibrada de Rawls. Em vez disso, assumiu a forma de um ataque direto ao próprio Rawls. Talvez isso tenha ocorrido porque apesar de suas muitas diferenças, Rawls, Nozick, Dworkin e Ackerman foram todos considerados, sob a perspectiva do início dos anos 1980, como autores que compartilhavam a mesma ideia eminentemente liberal de que as concepções do que é correto são neutras e, portanto, universais e absolutas, ao passo que as concepções do bem são controversas e, portanto, limitadas e subordinadas. Como membro mais antigo e mais respeitado deste grupo de teóricos liberais, Rawls foi naturalmente escolhido por quem quisesse se opor a tais doutrinas, fosse ele o alvo mais adequado ou não. Talvez seja importante notar também que o que passou a ser chamado de "crítica comunitarista" da década de 1980 correspondesse aproximadamente ao surgimento dos principais movimentos conservadores na política britânica e americana. Embora isso não seja inteiramente uma coincidência, seria um erro supor que os críticos comunitaristas fossem todos conservadores politicamente. Alguns eram, mas os mais influentes (inclusive todos os mencionados na discussão a seguir), geralmente não eram; eles simplesmente discordavam com a virada que a filosofia política liberal havia dado no final da década de 1970.

Um dos mais importantes comunitaristas foi outro filósofo político de Harvard, Michael Sandel. Sua obra mais importante, *Liberalism and the limits of justice*, de 1982, aponta uma série cumulativa de argumentos contra Rawls. A primeira é que, apesar das aparências em contrário, a concepção liberal de justiça como equidade não é de todo neutra em relação a diversas concepções do bem. Pelo contrário, afirma Sandel, todo o argumento de *Uma teoria da justiça* depende crucialmente de uma noção do bem humano como uma espécie de autonomia kantiana para moldar nossos próprios fins como quisermos. Se Sandel estiver certo em relação a isso, o correto, então, não pode realmente ser anterior ao bem, como se havia afirmado. Goste-se ou não, devemos começar com uma concepção particular e talvez controversa do bem, e elaborar uma concepção de justiça a partir daí. No segundo estágio de seu ataque, Sandel examina a concepção liberal particular do bem como autonomia kantiana, e a considera insuficiente. Fazendo uso dos textos de outros autores, mais notavelmente do acadêmico hegeliano Charles Taylor, Sandel tenta demonstrar que não somos realmente seres autônomos, livres de valores e de compromissos que não tenhamos escolhido para nós mesmos. E nem gostaríamos de sê-lo. Em um determinado aspecto profundo, na visão comunitarista, é precisamente nossa ligação involuntária a amigos, família, comunidade, entre outros, que define o que somos como pessoas e o que consideramos como mais importante em nossas vidas. Em terceiro lugar, e finalmente, Sandel aponta que se, não obstante, adotarmos a pouco atraente concepção liberal do bem como autonomia kantiana, constataremos no final que ela solapa, mais do que sustenta, as próprias metas da justiça como equidade. Em particular, o apoio ao princípio da diferença depende criticamente de nossa disposição para nos considerarmos como ligados aos outros em um sistema justo de cooperação mútua. A concepção liberal do bem como autonomia kantiana, infelizmente, vai diretamente contra esse sentido de vinculação mútua: promove o individualismo, às custas da comunidade.

A crítica comunitarista ao liberalismo sugeriu diversas rotas de desenvolvimento ou resposta. A rota mais óbvia, talvez, foi a de adotar a crítica e depois tentar elaborar como deveria ser uma teoria alternativa, mais comunitarista, da justiça. Foi essa a rota seguida, mais ou menos, por outro influente comunitarista, Michael Walzer. Em sua visão comunitarista de justiça social, falando em termos mais amplos, começamos com uma determinada concepção do bem, geralmente compartilhada em uma dada comunidade humana. Depois, passamos a dizer que essa "sociedade é justa se sua vida substantiva for vivida de uma certa maneira – isto é, de uma maneira fiel à compreensão compartilhada pelos membros" (Walzer 1983: 313). Os princípios de justiça social apropriados para cada comunidade derivam então de determinados valores compartilhados por aquela comunidade. Assim, eles, é claro, variarão de um lugar para outro, e de um período histórico para outro. Há muitas objeções possíveis a essa linha de raciocínio. Ela, por exemplo, parece deixar pouco para o filósofo político ou para o teórico político fazerem, já que o trabalho de estudar os valores compartilhados por essa ou aquela comunidade humana real talvez seja tarefa para antropólogos. Outra objeção é que a linha de raciocínio parece acarretar um grau excessivo de conservadorismo. Isso ocorre porque, sem as bases seguras propiciadas por uma concepção independente de justiça social, separada dos valores compartilhados por uma dada comunidade, é difícil ver como os membros dessa mesma comunidade poderão criticar seus próprios valores e práticas passíveis de objeção. Waltzer, seja dito em seu crédito, admite isso, observando que nas comunidades que adotam, por exemplo, os valores de um sistema hierárquico de castas, o sistema de castas deve ser considerado justo.[3]

Rota inteiramente diferente foi seguida por Joseph Raz. Em seu livro *The morality of freedom*, publicado em 1986, Raz, ou mais ou menos, admite a acusação de que o liberalismo comunitarista depende de uma concepção particular e controversa do bem humano como autonomia. Na sua opinião, no entanto, o que devemos fazer é aceitar plenamente essa concepção, desenvolver o seu significado e argumentar que (contrariamente aos críticos comunitaristas) ela na verdade representa um ideal político atraente. É claro que nem todas as pessoas realmente aceitam o ideal de autonomia, historicamente ou hoje, mas isso só demonstra que se trata de um ideal que deveríamos promover mais. O resultado dessa abordagem tem sido chamado de "perfeccionismo liberal" (ou às vezes de "liberalismo ético") na literatura. Lembre-se de que uma concepção perfeccionista da justiça social define o bem como a realização de alguma forma específica de excelência humana, e, em seguida, caracteriza o correto como a promoção ou o cumprimento desse bem. Quando Rawls estava escrevendo *Uma teoria da justiça*, os principais exemplos de perfeccionismo que tínhamos em mente eram vários pontos de vista religiosos, ou a noção de que a excelência humana reside na realização artística e cultural. Compreensivelmente, esses pontos de vista não parecem plausíveis quando comparados à justiça como equidade. Mas uma vez que definamos o bem para os seres humanos como o ideal liberal da própria autonomia, temos uma concepção perfeccionista mais interessante e atraente, digna de consideração séria.

O próprio Rawls, no entanto, não tomou qualquer desses caminhos. Na verdade, já vimos o caminho que ele tomou em nossa breve discussão de como suas ideias sobre o problema da estabilidade mudaram depois da publicação de *Uma teoria da justiça* (ver o subcapítulo 3.12). É interessante considerar as implicações dessas mudanças à luz da crítica comunitarista. No processo de dirigir seu ataque contra Rawls, Sandel fez bastante uso das primeiras partes de *Uma teoria da justiça* e, especialmente, do modelo da posição original. Esse modelo, argumenta ele, expressa uma concepção particular de seres humanos como seres autônomos e livres sem nenhuma vinculação ou compromissos prévios que não tenham escolhido para si mesmos. Conforme muitos comentaristas (e o próprio Rawls) apontaram mais tarde, porém, essa linha de argumento está seriamente prejudicada, pois repousa em uma compreensão fundamental equivocada do papel que o modelo da posição original deve desempenhar no âmbito da teoria geral da justiça como equidade. O modelo é meramente um recurso de representação, e não uma concepção metafísica da condição humana (Rawls, 1993: 22-28).

Ironicamente, Sandel poderia ter apresentado esse argumento com muito mais efetividade se tivesse feito uso da parte três de *Uma teoria da justiça*. Isso ocorre porque Rawls, em sua tentativa de resolver o problema da congruência na parte três, de fato faz uso de vários pontos de um ideal kantiano de autonomia humana. Com efeito, ele efetivamente admite isso quando, mais tarde, diz que uma "característica essencial" da concepção de estabilidade que aparece em *Uma teoria da justiça* é a hipótese de que em uma sociedade bem-ordenada, todos os cidadãos apoiam a justiça como equidade como parte de uma "doutrina filosófica abrangente" (Rawls, 1993: xvi). Sandel poderia então ter argumentado que a doutrina liberal abrangente em questão era, em todos as suas intenções e propósitos, uma concepção controversa do bem.

Seja como for, a concepção revisada da estabilidade, de Rawls, oferece uma resposta contra até mesmo essa mais plausível versão da crítica comunitarista.[4] Agora, devemos vislumbrar uma sociedade em que a justiça como equidade serve como foco de um consenso sobreposto de diversas doutrinas abrangentes razoáveis. De um certo ponto de vista, isso pode ser considerado como um recuo tático da parte de Rawls, na medida em que ele agora admite que a justiça como equidade depende do apoio das doutrinas abrangentes. De outro ponto de vista, porém, representa um movimento de ataque, na medida em que a justiça como equidade não depende de uma só doutrina abrangente compartilhada por todos os membros da comunidade – e certamente não depende de eles compartilharem a doutrina liberal-kantiana em particular. A nova versão de justiça como equidade provou ser consideravelmente mais robusta diante da crítica comunitarista, e assim o debate liberal-comunitarista enfraqueceu-se gradativamente com a publicação de *Political liberalism,* em 1993.

4.3 DEBATES SUBSEQUENTES E SITUAÇÃO ATUAL

O debate liberal-comunitarista não é certamente a única controvérsia relativa à obra de Rawls. Este último subcapítulo examinará brevemente alguns dos outros notórios debates, antes de voltarmos à situação atual da obra.

Um grupo de debates surge com as discussões feministas sobre Rawls. Há muitas questões diferentes aqui, como, por exemplo, se o modelo da posição original poderia ou deveria omitir o raciocínio emocional, se a hipótese de racionalidade mutuamente desinteressada exclui impropriamente conexões românticas ou de outro tipo. Pela extensão desta obra, concentremo-nos, porém, no que é provavelmente o debate mais importante provindo dessas discussões feministas, a saber, o problema da família como instituição social. Em *Uma teoria da justiça*, além de observar que a família é parte da estrutura básica da sociedade (7, 6 Rev.), e que nós provavelmente não quereremos eliminá-la (74, 64 Rev.), Rawls tem relativamente pouco a dizer sobre como a plena implementação dos princípios de justiça como equidade pode afetar sua organização. Isso levou a muita especulação e debate. Às vezes, presumia-se que o autor tinha uma visão tradicional da família, e seus pontos de vista foram atacados a partir dessa tese. Em outros momentos, pensava-se que ele pretendia aplicar os dois princípios de justiça diretamente à organização interna das famílias, por exemplo, insistindo que os pais aplicassem o princípio da diferença na distribuição de bens entre seus filhos. Isso conduziu a um conjunto diferente de reclamações.

Rawls, finalmente, tentou responder a essas questões em um texto posterior, intitulado "The Idea of Public Reason Revisited" (1997: 595-601). Lá, ele reafirma que a família é parte da estrutura básica, e que é algo de que não poderemos prescindir, pelo menos em pouco tempo. No entanto, o autor esclarece que os princípios da justiça como equidade não devem ser aplicados diretamente à organização interna das famílias. Rawls traça um paralelo com a organização interna das igrejas. Suponhamos que, em uma sociedade liberal cujas instituições e políticas reflitam os dois princípios de justiça como equidade, as igrejas sejam organizações voluntárias. De acordo com Rawls, a organização interna de uma organização voluntária não precisa em si mesma refletir os dois princípios: uma determinada igreja não precisa ser internamente democrática, por exemplo. Não obstante, as organizações voluntárias devem respeitar os dois princípios da justiça como uma restrição lateral a quaisquer formas de organização interna que escolherem adotar. Não podem, por exemplo, proibir os membros de abandonar a igreja, já que isso violaria os direitos de livre associação garantidos pelo primeiro princípio da justiça. Analogamente, as famílias devem respeitar os dois princípios de justiça como equidade: os indivíduos devem ser livres para dar forma a eles e abandoná-los conforme queiram, e não se pode negar os direitos de ninguém no âmbito desses princípios. Respeitados esses limites, porém, a organização interna das famílias estará além do escopo apropriado ao interesse público.

Infelizmente, o paralelo escolhido por Rawls não é apropriado, pois as igrejas, como outras organizações voluntárias, não são elas próprias parte da estrutura básica. As famílias o são, no entanto, como o próprio Rawls insiste. Elas são parte da estrutura básica porque efetivamente delegamos a elas o trabalho importante de reprodução social – e, claramente, o sistema para se ter e criar filhos influencia significativamente as perspectivas de vida das crianças de uma maneira que está além do controle pessoal ou da responsabilidade dessas mesmas crianças. Do ponto de vista das crianças, as famílias não são associações voluntárias. O melhor paralelo pode ser algo como a organização interna de um tribunal criminal (penal). É evidente que o sistema de justiça criminal é parte da estrutura básica, mas não é verdade que toda e cada parte da estrutura básica deva refletir internamente os dois princípios de justiça como equidade. Os tribunais criminais não são organizados democraticamente, nem empregam o princípio da diferença ao julgar. Ao contrário, devemos ver o sistema de justiça criminal como parte de um completo esquema institucional, cujo todo é projetado para melhor realizar os dois princípios de justiça. A instituição social da família é semelhante nesse aspecto. Embora a organização interna de cada família não precise refletir os dois princípios de justiça como equidade, como parte de um complexo esquema institucional, a instituição da família como um todo deve realizar o seu papel distinto nesse esquema, de maneira a efetivamente realizar os dois princípios da justiça. Assim, se ocorrer o fato de que delegar aos pais a responsabilidade pela educação dos filhos gerará graves desigualdades nas perspectivas das crianças – desigualdades que violariam o princípio da diferença –, a justiça como equidade requereria a retração ou regulação dessa delegação.[5] Essa, de qualquer forma, é a posição que parece mais coerente com a teoria de Rawls.

Além das discussões feministas, existem inúmeros debates relacionados aos temas introduzidos pela primeira vez por *Uma teoria da justiça*, de Rawls. Por exemplo, a ideia de bens primários, juntamente com o princípio da diferença, gerou uma literatura extensa e altamente técnica relativa à justiça distributiva. Entre outras coisas, discute-se se Rawls estava certo ao afirmar que os bens primários captam melhor do que a felicidade ou bem-estar aquilo com que devemos nos preocupar. Também se debate se o nosso foco deveria estar em dar prioridade aos menos favorecidos, como Rawls argumentou, ou em alcançar a igualdade, ou em alcançar um nível suficiente de bem-estar para todos. Outros debates, ainda, giram em torno de questões tais como se a justiça como equidade deve reconhecer os direitos multiculturais, se a justiça como equidade concede um lugar suficientemente importante à participação democrática, se devemos considerar a estrutura básica como o verdadeiro objeto da justiça, e assim por diante. Em vez de considerar cada um desses debates detalhadamente, no entanto, concentremo-nos em um conjunto particularmente controverso de debates recentes sobre o tema da justiça global. Rawls considerou essas questões apenas brevemente em *Uma teoria da justiça*. Lá, ele sugere que o procedimento da posição original pode ser eficazmente utilizado na geração de princípios de justiça global, tanto quanto foi utilizado para gerar os dois princípios de justiça social. O autor considera esse pensamento apenas brevemente, por meio do fornecimento de alguns possíveis fundamentos não religiosos para a recusa consciente, e dá poucas indicações quanto a que princípios tal procedimento geraria, observando apenas que o procedimento certamente incluiria alguns dos princípios mais conhecidos da guerra justa (377-379; 331-333 Rev.).

Assim, algo ficou em aberto para outros autores. Duas tentativas particularmente influentes de aplicar o raciocínio que está por trás da justiça como equidade ao problema da justiça global são *Political theory and international relations*, de Charles Beitz, publicado em 1979, e *Realizing rawls*, de Thomas Pogge, de 1989. Ambos os autores chegam a conclusões similares. Comece-se com a observação de que, entre as coisas que influenciam nossas perspectivas de vida de um modo que está além de nosso controle pessoal, não estão apenas as instituições e práticas que constituem a estrutura básica de nossa própria sociedade, mas também as circunstâncias particulares dela em relação a outras sociedades – por exemplo, se é grande ou pequena, militarmente forte ou fraca, rica ou pobre em recursos, e assim sucessivamente. A solução óbvia, pode parecer, é incluir pessoas de todas as sociedades na posição original. Já que o véu de ignorância esconde dos participantes qualquer conhecimento de sua sociedade em particular, eles selecionarão princípios para a justiça global que sejam justos para todas as pessoas do mundo. Especificamente, Beitz e Pogge ponderam que o argumento que sustenta o princípio da diferença para uma sociedade deve ser igualmente forte ao sustentar um princípio global da diferença em todas as sociedades. O resultado parece ser que a justiça global exige a redistribuição ampla e justa das sociedades ricas e privilegiadas às pobres e não privilegiadas. Essa redistribuição, podemos presumir, excederia em muito os irrisórios níveis de ajuda externa hoje praticados.

Em seus últimos anos, Rawls decidiu voltar-se ao problema da justiça global, e publicou *The law of peoples*, em 1999. Surpreendentemente, não aprovou as conclusões a que Beitz, Pogge, e outros chegaram. Rejeitou a ideia de incluir pessoas de todas as sociedades na posição original. Em vez disso, vislumbrou duas diferentes posições originais. A primeira, correspondente à posição original apresentada em *Uma teoria da justiça*, ocorreria separadamente em cada sociedade. Somente depois disso, as sociedades bem-ordenados (*grosso modo*, aquelas cujas instituições em alguma medida respeitam os direitos e interesses de seus membros) enviariam representantes a outra posição original global. Os representantes nessa segunda posição original seriam igualmente sujeitos a um véu de ignorância, mas, evidentemente, saberiam estar representando apenas os interesses de sociedades bem-ordenadas, e não os interesses de todas as sociedades, muito menos os interesses de todos os indivíduos ao redor do mundo. O resultado, de acordo com Rawls, seriam princípios de justiça global muito mais fortemente comprometidos com a autonomia de cada sociedade para enfrentar seus próprios problemas à sua maneira, e muito menos fortemente comprometidas com a redistribuição global. Esses resultados podem certamente ser considerados como mais realistas à luz do estado de coisas na esfera internacional, mas, não obstante, muitos dos seguidores de Rawls ficaram seriamente desapontados. Para eles, Rawls havia feito concessões a uma realidade injusta e deixara de observar a lógica de suas próprias ideias. Naturalmente, tais questões são ainda vivamente debatidas na literatura.

Este último debate ilustra bem a situação atual da obra de Rawls. Muitos filósofos políticos continuam fortemente comprometidos com os princípios apresentados em *Uma teoria da justiça* e, mesmo quando discordam de Rawls, os debates giram em torno de suas ideias. Até agora, claro, discutimos apenas a influência de *Uma teoria da justiça* nos círculos acadêmicos, que tem sido profunda. E quanto à sua influência sobre a sociedade como um todo? Aqui encontramos um quadro bastante diferente. Infelizmente, para Rawls, sua obra não tem tido quase nenhum efeito sobre o direcionamento da sociedade norte-americana ou de outras sociedades. Pelo contrário, a tendência histórica, desde que surgiu *Uma teoria da justiça*, tem sido a de afastamento dos pontos de vista de Rawls – e isso apesar do fato de seu livro já ter vendido centenas de milhares de cópias e ter sido traduzido em quase 30 línguas. Nesse aspecto, no entanto, *Uma teoria da justiça* pode ter um destino semelhante ao de muitas outras grandes obras da filosofia. Seria um grave erro julgar a influência histórica de obras como o *Segundo tratado sobre o governo civil*, de John Locke, *A riqueza das nações*, de Adam Smith, ou *O capital*, de Karl Marx, com base em seus primeiros 50 anos de vida. Muitas vezes é preciso um século ou mais para que as obras filosóficas comecem a seriamente moldar o curso dos acontecimentos humanos. Desse ponto de vista, *Uma teoria da justiça* poderá ter um futuro ainda mais notável.

NOTAS

1. Isto é, naturalmente, mais verdadeiro entre teóricos e filósofos políticos anglo-americanos do que entre os europeus continentais, embora a influência de Rawls (com algum atraso) esteja aumentando entre estes também.
2. Em trabalho posterior, Dworkin (1990, 2000), aparentemente afastou-se desta posição e apresentou uma versão diferente do que é muitas vezes chamado de "liberalismo ético", uma versão não teleológica do perfeccionismo liberal. O perfeccionismo liberal será discutido brevemente, a seguir, neste capítulo.
3. Em algumas obras posteriores, contudo, ele tenta demonstrar como a crítica social é possível em um quadro comunitarista (ver especialmente Walzer 1993).
4. Aqui devemos indicar que o próprio Rawls insistia que as mudanças em sua posição eram o produto de contradições internas à própria concepção de justiça como equidade, e que não eram, de modo algum, motivadas pela crítica comunitarista. A afirmação é plausível à luz do fato de que Rawls começou a mudar sua perspectiva vários anos antes de o livro de Sandel ter sido publicado.
5. No âmbito das restrições apresentadas pelo primeiro princípio, é claro, o qual protege a liberdade de associação dos indivíduos.

REFERÊNCIAS

PRINCIPAIS OBRAS DE RAWLS

Rawls, John. "Outline of a Decision Procedure for Ethics," (1951; reprinted in *Collected Papers* [ed. Samuel Freeman; Harvard University Press: Cambridge, MA, 1999]).

_____ "Two Concepts of Rules," (1955; reprinted in *Collected Papers* fed. Samuel Freeman; Harvard University Press: Cambridge, MA, 1999]).

_____ "Justice as Fairness," (1958; reprinted in *Collected Papers* [ed. Samuel Freeman; Harvard University Press: Cambridge, MA, 1999]).

_____ *A Theory of Justice* (Belknap Press: Cambridge, MA, 1971).

_____ "Kantian Constructivism in Moral Theory," (1980; reprinted in *Collected Papers* [ed. Samuel Freeman; Harvard University Press: Cambridge, MA, 1999]).

_____ "Social Unity and Primary Goods," (1982; reprinted in *Collected Papers* [ed. Samuel Freeman; Harvard University Press: Cambridge, MA, 1999]).

_____ "Justice as Fairness: Political Not Metaphysical," (1985; reprinted in *Collected Papers* [ed. Samuel Freeman; Harvard University Press: Cambridge, MA, 1999]).

_____ *Political Liberalism* (Columbia University Press: New York, 1993).

_____ "The Idea of Public Reason Revisited," (1997; reprinted in *Collected Papers* [ed. Samuel Freeman; Harvard University Press: Cambridge, MA, 1999]).

_____ *A Theory of Justice: Revised Edition* (Belknap Press: Cambridge, MA, 1999a).

_____ *The Law of Peoples* (Harvard University Press: Cambridge, MA, 1999b).

_____ *Justice as Fairness: A Restatement* (Belknap Press: Cambridge, MA, 2001).

OBRAS SOBRE RAWLS

Barry, Brian. *The Liberal Theory of Justice* (Oxford University Press: Oxford, 1973).

_____ "John Rawls and the Search for Stability," *Ethics* 105 (1995): 874-915.

Cohen, G. A. *Rescuing Justice and Equality* (Harvard University Press: Cambridge, MA, 2008).

Daniels, Norman (ed.), *Reading Rawls: Critical Studies on Rawls's "A Theory of Justice,"* (Stanford University Press: Stanford, CA, 1975).

Dworkin, Ronald. "The Original Position," (1973; reprinted in *Reading Rawls* [ed. Norman Daniels; Stanford University Press: Stanford, CA, 1975])

Freeman, Samuel (ed.), *The Cambridge Companion to Rawls* (Cambridge University Press: Cambridge, 2003).
_____ *Rawls* (Routledge: London, 2007).
Hart, H. L. A. "Rawls on Liberty and Its Priority," (1973; reprinted in *Reading Rawls* [ed. Norman Daniels; Stanford University Press: Stanford, CA, 1975]).
Kukathas, Chandran and Philip Pettit. *Rawls: A Theory of Justice and its Critics* (Stanford University Press: Stanford, CA, 1990).
Pogge, Thomas. *Realizing Rawls* (Cornell University Press: Ithica, NY, 1989).
_____ *John Rawls: His Life and Theory of Justice* (Oxford University Press: Oxford, 2007).
Sandel, Michael J. *Liberalism and the Limits of Justice* (Cambridge University Press: Cambridge, 1982).
Wolff, Robert Paul. *Understanding Rawls* (Princeton University Press: Princeton, NJ, 1977).

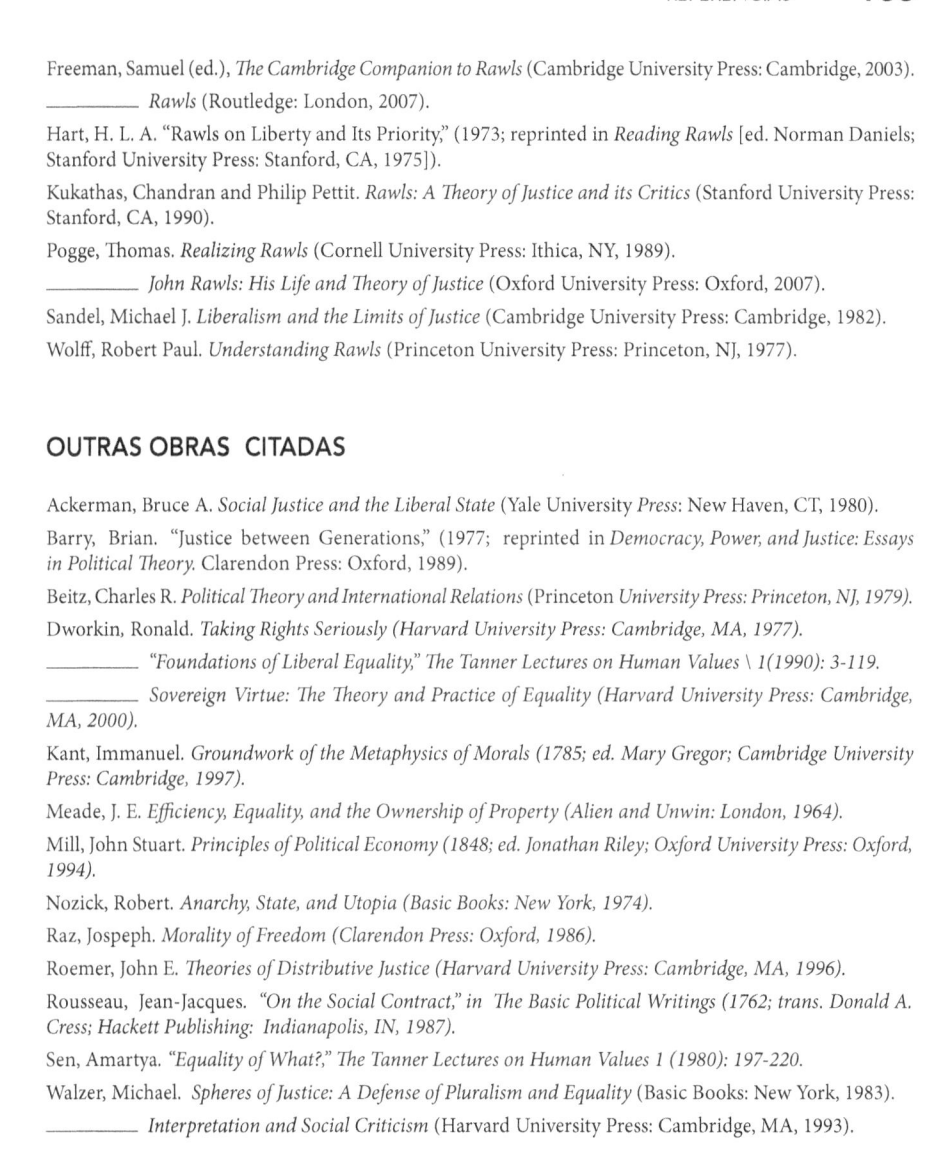

OUTRAS OBRAS CITADAS

Ackerman, Bruce A. *Social Justice and the Liberal State* (Yale University Press: New Haven, CT, 1980).
Barry, Brian. "Justice between Generations," (1977; reprinted in *Democracy, Power, and Justice: Essays in Political Theory*. Clarendon Press: Oxford, 1989).
Beitz, Charles R. *Political Theory and International Relations* (Princeton University Press: Princeton, NJ, 1979).
Dworkin, Ronald. *Taking Rights Seriously* (Harvard University Press: Cambridge, MA, 1977).
_____ "Foundations of Liberal Equality," *The Tanner Lectures on Human Values* \ 1(1990): 3-119.
_____ *Sovereign Virtue: The Theory and Practice of Equality* (Harvard University Press: Cambridge, MA, 2000).
Kant, Immanuel. *Groundwork of the Metaphysics of Morals* (1785; ed. Mary Gregor; Cambridge University Press: Cambridge, 1997).
Meade, J. E. *Efficiency, Equality, and the Ownership of Property* (Alien and Unwin: London, 1964).
Mill, John Stuart. *Principles of Political Economy* (1848; ed. Jonathan Riley; Oxford University Press: Oxford, 1994).
Nozick, Robert. *Anarchy, State, and Utopia* (Basic Books: New York, 1974).
Raz, Jospeph. *Morality of Freedom* (Clarendon Press: Oxford, 1986).
Roemer, John E. *Theories of Distributive Justice* (Harvard University Press: Cambridge, MA, 1996).
Rousseau, Jean-Jacques. "On the Social Contract," in *The Basic Political Writings* (1762; trans. Donald A. Cress; Hackett Publishing: Indianapolis, IN, 1987).
Sen, Amartya. "Equality of What?," *The Tanner Lectures on Human Values* 1 (1980): 197-220.
Walzer, Michael. *Spheres of Justice: A Defense of Pluralism and Equality* (Basic Books: New York, 1983).
_____ *Interpretation and Social Criticism* (Harvard University Press: Cambridge, MA, 1993).

ÍNDICE

A

Ackerman, Bruce 123-125
Argumento das tensões de compromisso para a justiça como equidade 89-95
    definição 91-92

B

Beitz, Charles 129-130
Bem, concepções do bem e diferentes planos de vida 62-65, 73, 116
    e o sentido de justiça 116-118
    e o véu de ignorância 71-74, 87-88, 107-108
    prioridade do correto sobre o 123-125
    ver também doutrinas abrangentes; teorias teleológicas
bem-estar social 10-11, 61-62, 99-100
bens primários e funcionamento humano básico 63-64
    definição 62-64
    e racionalidade 62-64, 73-74
    mensuração dos 64-65
Bentham, Jeremy 11-12, 23, 36
Berlin, Isaiah 9

C

campanhas, financiamento público das 98
circunstâncias da justiça *ver* justiça, circunstâncias da
conexão em cadeia, definição 56-57
congruência, problema da 115-118
Contrato social, teoria tradicional do 13-15, 23-25, 31, 110-111
crítica comunitarista do

D

Declaração de Independência 14-15
Designações e expectativas legítimas 106-107
    ver também justiça, procedimental
desinteresse mútuo *ver* racionalidade, desinteresse mútuo e
desobediência civil 109-110, 113-115
dever de justiça *ver* justiça, dever natural de
direitos multiculturais 129
doutrinas abrangentes
    definição 117-118
    pluralismo razoável das 118-119, 126-128
Dworkin, Ronald 123-125

E

Economia política, sistemas de 99-100
eficiência, princípio da 49-50, 53-54
egoísmo, de primeira pessoa *versus* geral 80-81
equidade, obrigação da 110-112
    ver também justiça, dever natural da
Equilíbrio reflexivo, definição 42-44
    apresentação inicial do 17-18
    e a posição original 49, 96
    e intuições anteriores 106-108, 119
estabilidade, problema da 26, 115-119, 126-128

F

família, instituição social 50-52, 127-129
feminismo 127-128
Fórmula da Humanidade *ver* Kant, Immanuel
Fórmula da Lei Universal *ver* Kant, Immanuel
funcionamento, humano básico 63-64, 129

G

Guerra do Vietnã 10, 109

H

Hampshire, Stuart 9
Hare, R. M. 9
Hart, H. L. A. 9, 47

I

igualdade de oportunidade e o princípio da diferença 60-61, 101-102
    formal, definição 49-51
    justa, definição 51-53

ver também justiça como equidade, Segundo princípio da
Iluminismo 11-12
incerteza, problema da escolha sob a 86-90
indivíduos, princípios da justiça
 para 61, 109-113
 ver também equidade, obrigação de; justiça, dever natural de
intuicionismo como alternativa ao utilitarismo 12-13, 21
 definição 13, 37-38
 e o problema da prioridade 37-39
 exclusão por restrições formais sobre as concepções de justiça 80-81
 inconfiabilidade das intuições e 38-39

J

Jefferson, Thomas 14-15
justiça
 circunstâncias da 72-73
 concepções mistas 81-82, 90-93, 107-108
 dever natural da 111-113, 115-117
 distributiva 129
 e princípios para os indivíduos 61, 109-113
 estrutura básica como tema da 23-24, 29-30, 44-45
 formal *versus* substantiva 44-45
 global 114-115, 129-131
 intergeracional 102-107
 procedimental 56-60, 66-67, 106-107, 113-114
 restrições formais às concepções de 78-81
 sentido de 116-118
justiça como equidade
 argumento informal pela 82-85
 combinada com intuições 48-49, 60-61
 como alternativa ao utilitarismo 13-14, 24-25, 32, 44-45, 61-62
 como teoria deontológica 35
 concepção geral da 46-47
 condições favoráveis à
 dois princípios de 31-32, 44-47, 59-61
 e a separação das pessoas 65-66, 94-95
 e a solidariedade 66-68
 e as tensões de compromisso 93
 e bens primários 61-65
 e instituições econômicas 99-100
 e instituições políticas 98-99
 e justiça intergeracional 103-106
 e liberdades básicas 46-48, 88-89
 implementação 99-101
 principal ideia de 23-25, 30-33, 68-69
 projetada para um sistema social fechado 29-31
justiça intergeracional *ver* justiça, intergeracional
justiça procedimental *ver* justiça, procedimental

K

Kant, Immanuel e a doutrina da autonomia 108-109, 117-119, 124-127

e a Fórmula da Humanidade 16-17, 93, 109
e a Fórmula da Lei Universal 16-18, 24-25, 105, 108
filosofia moral de 13-18, 24-25, 72, 93, 108-109

L

liberalismo 124-128
Liberdades básicas
 Argumento em favor da justiça como equidade a partir das 85-89, 107-108
 como bem primário 62-64
 como objeto da justiça 23-24, 29-30, 44-45
 definição 22-23, 28-29, 44-45
 e justiça procedimental 59
 e projeto institucional 98-99
 estrutura básica da sociedade e considerações de publicidade, eficiência e estabilidade 40-42
 significado esclarecido 47-48
 ver também princípio das igualdades básicas
libertarianismo 81, 90-93
Locke, John 13-15, 17-18, 23-24, 130-131

M

macarthismo 10
Marx, Karl 130-131
merecimento, moral 29-30, 50-53, 106-107
 e igualdade de oportunidades 60-61, 101-102
 e os menos favorecidos 54-55
 e solidariedade 68
 princípio da diferença, definição 53-56
 ver também justiça como equidade, dois princípios da; Segundo princípio de justiça,
 ver também justiça, procedimental
Método de escolha maximin 86-91
Mill, John Stuart 11-12, 23, 36-37
 concepções mistas de justiça *ver* justiça, concepções mistas de
Monstros da utilidade 34-35
movimento dos direitos civis, norte-americano 10, 109, 113-114

N

New Deal 10
Nozick, Robert 58-60, 123-124

O

observância, estrita versus parcial 29-31

P

Partido Democrata, norte-americano 10-11
perfeccionismo, definição 33-34, 81
 e utilitarismo 36-37
 liberal 126
 rejeitado na posição original 107-108
planos de vida *ver* bem, concepções de
pluralismo, razoável *ver* doutrinas abrangentes, pluralismo razoável das

Pogge, Thomas 129-130
Posição original, e a sequência de quatro estágios 95-96
   apresentação de alternativas na 77-78, 82
   e a teoria tradicional do contrato social 24-25, 30-31
   e intuições 40-42, 49, 69-71
   e o véu de ignorância 70-74
   ideia principal de 30-32, 69, 76-77
   natureza hipotética da 31, 69-71, 110-111, 126-127
   racionalidade das partes na 73-76
   representação das gerações futuras na 76-77, 103-105
prevalência da lei 98-99
primeiro princípio da justiça como equidade *ver* princípio das liberdades básicas iguais
Princípio da poupança justa 103-106
Princípio das liberdades básicas iguais, significado 46-48
   e pluralismo 118
   ver também justiça como equidade, dois princípios da
Prioridade lexical das liberdades básicas 45-47, 59-61, 93-95
   da justa igualdade de oportunidades 101-102
   definição 45-46
problema da prioridade 37-39, 45-46

R

racionalidade,
   considerações mais amplas de 40-41, 75-76, 78-79, 96
   das partes na posição original 40-42, 73-76, 103-105
   e bens primários 62-64
   e desinteresse mútuo 74-75
   e utilitarismo 33-35
   sentido de justiça e 117-118
Rawls, John
   Biografia de 9-10
   e a escrita de *Law of peoples* 114-115, 129-131
   e a escrita de *Political liberalism* 18-19, 26, 118-119, 126-128
   E a escrita de *Uma teoria da justiça* 10-11, 13-14, 17-18, 24-26
Raz, Joseph 126
recusa consciente 114-115
relações econômicas muito próximas, definição 56
requerimento de publicidade 40-42, 79-80, 92-93
restrições formais às concepções de justiça *ver* justiça, restrições formais
Revisão judicial 98
Rousseau, Jean-Jacques 13-15, 31

S

Sandel, Michael 124-127
segundo princípio da justiça como equidade
   duas partes do 48-49
   e justiça procedimental 57-60
   interpretação da igualdade democrática do 53-54, 58-60
   interpretação da igualdade liberal do 51-53
   interpretação do sistema de liberdade natural 49-51
   ver também princípio da diferença; igualdade de oportunidade; justiça como equidade, dois princípios do sentido de justiça *ver* justiça, sentido da separação de pessoas 65-66, 94-95
Sequencia de quatro estágios 95-98, 110
Sidgwick, Henry 36-37
sistema de cooperação, sociedade como um 21-22, 28, 32-33, 68
Smith, Adam 130-131
sociedade voluntarista, ideia de 31, 69, 79-80, 108-109, 117-118
sociedades bem organizadas,
   definição 41-42
   e justiça global 129-131
   e o problema da estabilidade 115-118
   e restrições formais às concepções de justiça 79-81

T

Taylor, Charles 125
teoria da utilidade *ver* utilitarismo, Visões concernentes à felicidade e
Teorias deontológicas, definição 35
   ver também teorias teleológicas
Teorias teleológicas, definição 32-35, 81
   ver também teorias deontológicas tolerância, limites de 98

U

utilitarismo
   como algo indiferente à distribuição 34-35
   como teoria de justiça social 17-19, 23-24, 29-30
   como teoria teleológica 32-35, 81
   definição 11-12, 32-38
   dificuldades com 12-13, 20-21
   e confiança nas intuições 39-40
   e justiça intergeracional 103
   e liberdades básicas 35-36, 85-86, 87-89
   e o espectador imparcial 65-66, 94-95
   e visões concernentes à felicidade 36-38
   Justiça procedimental e 66-67
   médio *versus* clássico 84-85, 89

V

véu de ignorância,
   definição 24-25, 70-74
   e a posição original 24-25, 30-32, 76-77
   e restrições formais às concepções de justiça 79-80
   integral *versus* parcial 96-98

W

Walzer, Michael 125-126